N° 57 bis.

BULLETIN OFFICIEL
DU MINISTÈRE DE LA GUERRE.

ÉDITION MÉTHODIQUE.

JUSTICE MILITAIRE

ÉTABLISSEMENTS PÉNITENTIAIRES
MILITAIRES

MODÈLES

Volume arrêté à la date du 1er octobre 1912

PARIS
HENRI CHARLES-LAVAUZELLE
Éditeur militaire
10, Rue Danton, Boulevard Saint-Germain, 118
(MÊME MAISON A LIMOGES)

1912

NOTA. — Les anciens modèles pourront être utilisés jusqu'au 1er janvier 1914.

BULLETIN OFFICIEL DU MINISTÈRE DE LA GUERRE.

ÉDITION MÉTHODIQUE.

JUSTICE MILITAIRE

ÉTABLISSEMENTS PÉNITENTIAIRES MILITAIRES

MODÈLES

Volume arrêté à la date du 1er octobre 1912

PARIS
HENRI CHARLES-LAVAUZELLE
Éditeur militaire
10, Rue Danton, Boulevard Saint-Germain, 118
(MÊME MAISON A LIMOGES)

1912

GOUVERNEMENT MILITAIRE
ou
CORPS D'ARMÉE
ou
DIVISION d
—
PLACE d

(1) Désigner l'établissement.

(1)

MODÈLE Nº 1.
—
Art. 11 de l'instruction du 10 décembre 1900.

Format :
Hauteur...... 0m,32
Largeur...... 0m,21

(A) Dont à la portion centrale et en détachement.

RAPPORT MENSUEL

du mois d 19 .

EFFECTIF AU DERNIER JOUR DU MOIS CI-DESSUS.

PERSONNEL.
- Officiers { en activité .... / en retraite .... } ....
- Officiers d'administration ....
- Sous-officiers. { liés au service......... / commissionnés .... / employés à titre auxiliaire } ....

DÉTENUS...
- Condamnés { 1re catégorie........... / 2e catégorie........... / 3e catégorie........... } ....
- Prévenus ....
- Passagers ....
- Disciplinaires ....

(A)

SITUATION DES DÉTACHEMENTS. — MOUVEMENTS DU MOIS.

DÉSIGNATION de l'emplacement des chantiers extérieurs.	NOM ET GRADE du chef de détachement.	DÉPARTS.		ARRIVÉES.		EFFECTIF DES DÉTACHEMENTS à l'arrivée.			MODE de TRANSPORT.	OBSERVATIONS.
		LIEUX.	DATES.	LIEUX.	DATES.	Personnel de surveillance.	Personnel de garde auxiliaire	Nombre de détenus.		
				TOTAUX.....						

PUNITIONS DU PERSONNEL.

(Toutes les punitions des officiers, les punitions de prison et celles supérieures à 8 jours de consigne à la chambre pour les sous-officiers).

OFFICIERS.	SOUS-OFFICIERS.

Le présent rapport est arrêté à la date du dernier jour de chaque mois ; il est adressé dans les cinq premiers jours du mois suivant à l'administration centrale (Direction du Contentieux et de la Justice militaire ; Bureau de la Justice militaire).

SITUATION NOMINA

NOMS ET PRÉNOMS. — NOTA. — Inscrire les noms dans l'ordre des colonnes ci-contre en laissant une ligne en blanc entre le personnel de commandement, le personnel d'administration et les ministres des cultes.	PERSONNEL DE COMMANDEMENT ET DE SURVEILLANCE.								PERSONNEL ADMINISTRATIF					
									Officiers d'administration					
	Chef de bataillon.	Capitaine.	Lieutenant.	Adjudant agent principal	Adjudant de surveillance	Sergent-major surveillant	Surveillant portier (1).	Sergent surveillant.	de 1re classe.	de 2e classe.	de 3e classe.	Adjudant greffier.	Sergent-major comptable.	Sergent comptable.

(1) Désigner le grade du surveillant portier.

TIVE DU PERSONNEL.

EXERCICE DES CULTES. Ministres des cultes désignés conformément à l'article 127 de l'instruction.	DÉCORATIONS Légion d'honneur et médaille militaire.	MUTATIONS.	INDICATION de LA PRÉSENCE par la lettre P et de l'absence par la lettre A.	OBSERVATIONS. (Indiquer, dans cette colonne. le lieu où le personnel est détaché, le cas échéant.)

CONTENANCE DE L'ÉTABLISSEMENT.

Nombre de places { en chambrées.... / en cellules de détention......... }

Rappel de l'effectif des détenus.....

Nombre de places disponibles........

Locaux spéciaux

Nombre de cellules de correction...

Nombre de chambres d'officiers. { occupées.......... / disponibles...... }

Nombre de logements affectés au personnel.......................

Nombre des agents qui, faute de place, ne sont pas logés.........

RENSEIGNEMENTS SUR L'ÉTAT SANITAIRE.

DÉCÈS.

(Décès survenus pendant le mois, y compris ceux ayant donné lieu, en raison des circonstances, à un rapport.)

VAS ONS.

TRAVAIL. (*Situation au dernier jour du mois.*)

		PRÉVENUS ou DISCIPLINAIRES.	CONDAMNÉS.	TOTAL.
Nombre de détenus employés à la portion centrale........	au service intérieur..................			
	à des travaux pour le compte de l'administration militaire..............			
	par M. , entrepreneur....			
	par M. , entrepreneur....			
	par M. , entrepreneur....			
	par M. , entrepreneur....			
	par le service d ...			
	par ...			
	TOTAUX..............			
Détenus inoccupés.......	Passagers...........................			
	Malades ou convalescents............			
	Par suite d'insuffisance de travail....			
	Prévenus ne consentant pas à travailler et employés aux corvées de propreté.			
TOTAL de l'effectif à la portion centrale........				
Effectif des condamnés sur les chantiers extérieurs.......	à M. , entrepreneur...........			
	à M. , entrepreneur...........			
	à M. , entrepreneur...........			
	à M. , entrepreneur...........			
	à M. , entrepreneur...........			
TOTAL ÉGAL à l'effectif d'autre part				

Vu : A , le 19 .

(1) *Le Commandant* ou *L'Agent principal*,

(1) Dans les prisons non commandées par un officier, cet état porte le visa du commandant d'armes ou du major de la garnison.

GOUVERNEMENT
MILITAIRE
d
ou
e CORPS D'ARMÉE
ou
DIVISION D
—
PLACE D

(1) Désigner l'établissement.

JUSTICE MILITAIRE.

MODÈLE N° 2.
—
Art. 11 de l'Instruction du 10 décembre 1900.

FORMAT :

Hauteur......... 0m,37
Largeur......... 0m,24

(1)

ÉTAT

DE SITUATION DES DÉTENUS.

MOIS D 19 .

INSTRUCTIONS.

1° Donner à chaque division une série de numéros d'ordre qui lui soit particulière, et qui fasse ressortir d'une manière distincte la situation de l'effectif qui compose cette division.

2° Apporter le plus grand soin à la récapitulation par laquelle l'état est terminé.

3° Indiquer toujours chaque division, lors même qu'on devrait se borner à mettre au-dessous le mot *Néant*.

4° Avoir soin de comprendre dans la première division les militaires condamnés à l'emprisonnement, lors même qu'ils ne devraient pas rester à la prison.

5° Avoir soin de porter, sur l'état nominatif, les hommes en traitement à l'hôpital, dont le total doit figurer en bloc sur l'état numérique final.

Cet état est arrêté à la date du dernier jour du mois et adressé dans les cinq premiers jours du mois suivant à l'administration centrale (Direction du Contentieux et de la Justice militaire; Bureau de la Justice militaire).

Nos d'ordre.	NUMÉROS du registre d'écrou.	NOMS ET PRÉNOMS des détenus.	GRADE qu'ils avaient. — CORPS auquel ils appartiennent.	DATE de l'écrou.	MOTIF de LA DÉTENTION.	NATURE ET DURÉE de la peine. — Réductions obtenues.
			1° *Officiers, sous-officiers et soldats détenus par suite*			
		2° *Condamnés à mort, à des peines afflictives ou infamantes et aux travaux*				
					3° *Condamnés attendant qu'il soit*	
						4° *Militaires en*
				5° *Hommes détenus par mesure de discipline*		

(1) Lorsque l'établissement détient simultanément des condamnés de plusieurs catégories, mention

DATES 1° du jugement ; 2° de commencement de la peine.	DÉSIGNATION du CONSEIL de guerre.	MUTATIONS.			OBSERVATIONS.
		MOTIFS DE LA SORTIE.	DATES DE LA SORTIE.	DESTINATIONS qui ont été données.	

de jugements devenus définitifs ou de commutation (1).

publics, attendant une décision sur leur sort ou une destination.

statué sur le pourvoi qu'ils ont formé.

détention préventive.

ou pour tout autre cause et passagers.

de la catégorie à laquelle ils appartiennent est faite à l'encre rouge dans la 6° colonne.

RÉCAPITULATION.

L'effectif des détenus de l'établissement au 1er   était de..........
Entrés pendant le mois d ....

TOTAL............

Sortis
- Par acquittement..
- Par obtention de grâce....................................
- Par expiration de peine...................................
- Pour être dirigés sur les ateliers de travaux publics et les pénitenciers militaires..........................
- Pour être dirigés sur les établissements pénitentiaires des colonies et les maisons centrales................
- Par suite de décès...
- Par suite d'évasion..
- Pour toute autre cause.....................................

RESTE à l'effectif........
Dont à l'hôpital............

DÉCOMPOSITION DE L'EFFECTIF.

DÉTAIL DES DÉTENUS.	CONDAMNÉS SUBISSANT leur peine.			Condamnés à mort, à des peines afflictives ou infamantes, etc. (2e division de l'état).	CONDAMNÉS ayant formé un pourvoi.	PRÉVENUS.	PASSAGERS		Détenus à titre disciplinaire ou pour d'autres causes.	TOTAL
	1re catégorie.	2e catégorie.	3e catégorie.				condamnés.	non condamnés.		
Troupes métropolitaines...........										
Troupes coloniales.										
Etrangers à l'administration de la guerre..........										
TOTAUX....										

A   , le   19 .

Vu :   *Le Commandant de l'*

(1)   *ou :* *L'Agent principal,*

(1) Dans les prisons non commandées par un officier, cet état porte le visa du commandant d'armes ou du major de la garnison.

• CORPS D'ARMÉE.

—

PLACE D

(1) Désignation de l'établissement.

(1)

MODÈLE N° 3.

—

Art. 11 de l'Instruction du 10 décembre 1900.

FORMAT :

Hauteur........ $0^{m},32$.
Largeur........ $0^{m},21$.

RAPPORT

JOURNALIER AU GÉNÉRAL COMMANDANT LA SUBDIVISION.

Personnel.

- Commandement.
  - Chef de bataillon ou capitaine commandant.
  - Officier adjoint.
  - Adjudant de surveillance.
  - Sergent-major surveillant portier.
  - Sergents-majors surveillants.
  - Sergents surveillants.
- Administrat^on.
  - Officier d'administration de classe.
  - Officier d'administration de classe.
  - Adjudants greffiers.
  - Sergents-majors comptables.
- A l'hôpital.
- En congé.

Effectif des détenus.

- Présents.
  - En santé.
    - 1° Prévenus.....
    - 2° Condamnés...
    - 3° Disciplinaires.
    - 4° Passagers.
  - A l'infirm^ie.
    - 1° Prévenus.....
    - 2° Condamnés...
    - 3° Disciplinaires.
    - 4° Passagers.
- Absents.
  - Aux hôpitaux...............
  - En jugement................
  - En évasion..................
  - En témoignage..............

dont :
prévenus....
condamnés..
disciplinaires

Mutations :	
Punitions : { Personnel. Détenus.	
Demandes :	
Objets divers :	
Événements :	

A , le 19 .

(1) *Le Commandant de*

ou

L'Agent principal

---

(1) Dans les prisons militaires non commandées par un officier spécialement affecté à la prison, cet état est visé par le délégué du commandant d'armes (art. 31 de l'Instruction).

MODÈLE N° 4.

Art. 12 de l'Instruction du 10 décembre 1900.

ÉTABLISSEMENTS PÉNITENTIAIRES.

FORMAT DU PAPIER.
Hauteur........ 0m,320
Largeur........ 0m,210

CADRE :
Hauteur........ 0m,290
Largeur........ 0m,180

FEUILLET DU PERSONNEL,

de M. (A).

Nom , prénoms ,
surnom , date et lieu de naissance.
fils de et de dame
domiciliés à canton d
département d . Marié le autorisation
du . Enfants masculin féminin.
(1) Entré dans les établissements pénitentiaires militaires le comme venant

GRADES SUCCESSIFS AU CORPS.	GRADES SUCCESSIFS DANS LE SERVICE DE LA JUSTICE MILITAIRE.	
Soldat au le Caporal au le Sergent au le Sergent fourrier au le Sergent-major au le Adjudant au le libéré le .	Sergent surveillant le Sergent-major surveillant le Adjudant de surveillance { 1re / 2e	Sergent-major comptable le Adjudant greffier { 1re / 2e
	Adjudant agent principal le	

Campagnes { du / au en captivité à ou en internement à (suivant le cas) { du / au	Affaires auxquelles le sous-officier a pris part. (Dates des affaires.)

BLESSURES.

1° De guerre.	2° En service commandé.
Actions d'éclat et citations à l'ordre de l'armée.	Lettres et témoignages de satisfaction du Ministre, etc.

DÉCORATIONS.

Françaises.	Etrangères.

(A) Les feuillets sont classés par ordre alphabétique.
(1) Indiquer, s'il y a lieu, les renseignements relatifs aux séparations de corps ou de biens, au divorce, au veuvage, à un nouveau mariage, option, changement de nom (dates des décrets ou jugements).

DATES		DÉSIGNATION DES DÉTACHEMENTS.
DES DÉPARTS des détachements pour les chantiers extérieurs.	DE RENTRÉE des détachements.	

PUNITIONS (1).

DATES.	CONSIGNE au quartier.	CONSIGNE à la chambre.	PRISON.	NOMS ET GRADES DES OFFICIERS qui ont infligé les punitions et motifs.
Totaux à l'arrivée.........				
Totaux.......				

(1) Quand cette page est remplie, on mentionne dans la colonne « motifs » sur la ligne « totaux » qu'un premier intercalaire suit; le recto de ce premier intercalaire devient la page 2 *bis* et le verso la page 2 *ter*.

Noms et prénoms :
Grades :

DATES		NOTES PARTICULIÈRES ET SUCCESSIVES.
ANNÉE.	SEMESTRE.	

DATES		NOTES PARTICULIÈRES ET SUCCESSIVES (*suite*).
ANNÉE.	SEMESTRE.	

MODÈLE N° 5.

Art. 12 de l'Instruction du 10 décembre 1900.

FORMAT :

Hauteur......... 0m,37
Largeur......... 0m,24

(1)

REGISTRE DE MORALITÉ DES DÉTENUS.

(1) Désignation de l'établissement

NUMÉRO AU REGISTRE d'écrou.	NOMS et PRÉNOMS.	GRADES. — Corps d'où ils viennent. — Date de l'entrée au service et de la libération de l'armée active.	DÉLITS. — Durée de la peine. — Date du jugement. — Conseil de guerre. — Durée de la peine.	ANNÉE et TRIMESTRES.	APPRENTIS OU OUVRIERS.	ATELIERS.	PUNITIONS. DATE.	MOTIFS.	CELLULE sans fers.	CELLULE avec fers.
				19 . 1er trimestre. 2e — 3e — 4e —						
				19 . 1er trimestre. 2e — 3e — 4e —						

ÉTAT MORAL.				OBSERVATIONS.	POUR MÉMOIRE. Punitions antérieures à celles infligées dans les établissements pénitentiaires. (Relevé des punitions du corps.)				
CONDUITE.	TRAVAIL.	INSTRUCTION	MORALITÉ.		Consigne.	Salle de police.	Prison.	Cellule.	Total.

Modèle N° 6.

Art. 13 de l'Instruction du 10 décembre 1900.

FORMAT :

Hauteur......... 0m,32
Largeur......... 0m,21

Désigner l'établissement.

FEUILLE mobile de punitions.

N° d'écrou :			Noms et prénoms :	
DATE des PUNITIONS.	CELLULE DE CORRECTION sans fers.	CELLULE DE CORRECTION avec fers.	PAR QUI LES PUNITIONS ont été infligées.	MOTIFS DES PUNITIONS.

•CORPS D'ARMÉE.

—

PLACE D .

19 .

—

' TRIMESTRE.

JUSTICE MILITAIRE.

MODÈLE N° 7.

—

Art. 13 de l'Instruction du 10 décembre 1900.

FORMAT :

Hauteur......... 0m,37
Largeur......... 0m,24

(A)

ÉTAT

de moralité des condamnés écroués à l'établissement pour y subir leur peine.

INSTRUCTIONS.

Les articles relatifs à chaque détenu doivent être renfermés dans des cases délimitées par des traits horizontaux.

1re COLONNE. — Inscrire les numéros d'écrou par ordre numérique.

2e COLONNE. — Porter les hommes présents au dernier jour du trimestre et dont la peine n'est pas achevée. (*Les noms doivent être écrits en bâtarde ou en ronde.*)

3e et 4e COLONNES. — Indiquer exactement si les condamnés ont été occupés, et à quelle nature de travaux.

5e et 6e COLONNES. — Faire avec soin la distinction de la conduite et de la manière de travailler pour chaque condamné.

7e COLONNE. — Énumérer sommairement la cause, la nature et la durée de toutes les punitions infligées aux condamnés pendant le trimestre.

8e COLONNE. — Spécialement réservée aux observations qu'il pourra quelquefois être utile d'ajouter en regard du nom des condamnés.

Cet état est arrêté à la date du dernier jour du trimestre et adressé au Ministre dans les cinq premiers jours du trimestre suivant.

(A) Désignation du pénitencier, de l'atelier ou de la prison.

NUMÉROS d'écrou des condamnés.	NOMS ET PRÉNOMS des condamnés.	PROFESSIONS		RENSEIGNEMENTS sur les CONDAMNÉS EN CE QUI CONCERNE	
		qu'ils connaissent	qu'ils ont exercées durant le trimestre, à l'établissement.	leur conduite.	leur travail.
1	2	3	4	5	6

CAUSE, NATURE ET DURÉE DES PUNITIONS INFLIGÉES PENDANT LE TRIMESTRE.	OBSERVATIONS.
7	8

Fait par nous soussigné (*)

A , le 19 .

Vu :

Le Général de brigade commandant
la subdivision militaire,

OPINION du général commandant le corps d'armée et la division militaire sur la situation morale de l'établissement.

(*) Dans les prisons militaires qui ne sont pas commandées par un officier spécialement affecté à la prison, cet état est visé par le délégué du commandant d'armes. (Art. 30 de l'Instruction.)

e CORPS D'ARMÉE

—

PLACE d

Année 19 ,

MODÈLE N° 8.

—

Art. 13 de l'Instruction du 10 décembre 1900.

FORMAT :

Hauteur......... 0m,37

Largeur......... 0m,24

JUSTICE MILITAIRE.

(1)

PROPOSITIONS

DE GRACES ET DE RÉDUCTIONS DE PEINE.

ÉTAT

comprenant condamnés jugés susceptibles d'une mesure d'indulgence.

NOTA. — Les détenus proposés pour grâce sont inscrits par ordre de préférence. Le rang de ceux proposés pour une réduction de peine est déterminé par l'importance des réductions, en commençant par les plus fortes.

Des états spéciaux peuvent être dressés à toute époque de l'année, et quelle que soit la fraction subie de la peine, en faveur des détenus qui se distinguent par des actes de courage, de dévouement, de probité..., etc.

Ces divers états, ne devant pas être appuyés de relevés de punitions, doivent toujours présenter la totalisation des journées de cellule et des cas de mise aux fers.

(1) Désignation de l'établissement pénitentiaire.

Monsieur le Ministre de la guerre (Direction du Contentieux et de la Justice militaire; Bureau de la Justice militaire).

NUMÉROS D'ÉCROU.	NOMS et PRÉNOMS.	AGE	GRADES QU'ILS AVAIENT et corps auxquels ils appartiennent.	Titre auquel ils sont liés au service.	DATE DES JUGEMENTS. Désignation des conseils de guerre.	MOTIF DES CONDAMNATIONS — En cas de condamnation pour vol, spécifier la nature des objets dérobés ou la valeur des sommes.	NATURE ET DURÉE DE LA PEINE EN COURS ET INDICATION des commutations de réductions de peine obtenues depuis la condamnation.	PEINE RESTANT A SUBIR AU	TEMPS DE SERVICE RESTANT A FAIRE AU MOMENT de l'élargissement.	RENSEIGNEMENTS SUR LES CONDAMNATIONS antérieures subies par les condamnés soit dans la vie civile soit sous les drapeaux.	RENSEIGNEMENTS SUR LES PUNITIONS de prison subies au corps.	RENSEIGNEMENTS SUR LA MORALITÉ et la conduite des hommes pendant leur détention. Proposition du chef de l'établissement.	OPINION DU GÉNÉRAL INSPECTEUR délégué ou du major de la garnison.	OPINION DU GOUVERNEUR MILITAIRE ou commandant de corps d'armée.	PROPOSITIONS SUR LA DESTINATION à donner aux condamnés proposés pour grâce	OBSERVATIONS.	DÉCISION du MINISTRE.
1re CATÉGORIE. *proposés pour grâce.*																	
2e CATÉGORIE. *proposés pour réduction de peine.*																	

Fait par nous (1) soussigné

A , le 19 .

(3)

Vu :

Le Général commandant la subdivision,

Vu :

(2)

(1) Commandant d ou agent principal de la prison d

(2) Gouverneur militaire ou général commandant le corps d'armée, la division militaire en Algérie ou la division d'occupation de Tunisie.

(3) Dans les prisons non commandées par un officier spécialement affecté à la prison cet état doit porter le visa du délégué du commandant d'armes.

Modèle n° 9.

—

Art. 13 et 56
de l'Instruction
du 10 décembre 1900.

FORMAT :

Hauteur......... 0m,24
Largeur......... 0m,37

*Désignation de l'établissement.

JUSTICE MILITAIRE.

*

NOTICE INDIVIDUELLE.

NOM ET PRÉNOMS du condamné, lieu de naissance et numéro d'écrou.	AGE : 1° à l'époque du crime ou délit; 2° actuellement.	GRADE QU'IL AVAIT et corps auquel il appartient.	TITRE auquel IL EST LIÉ au service militaire.	DATE du JUGEMENT et désignation du conseil de guerre.	MOTIFS de la CONDAMNATION (en cas de condamnation pour vol, spécifier la nature des objets ou l'importance des sommes).	NATURE ET DURÉE de la peine et commutations ou réductions de peine obtenues.	DURÉE de LA PEINE restant à subir à la date du	TEMPS DE SERVICE restant à faire à la date de l'élargissement	ANALYSE DES FAITS et avis du commissaire du gouvernement.

(Motif de la proposition (1)

Fait à le 19 .
(2)

Avis du (3)

Nota. — Le présent modèle est employé pour les propositions de grâce ou réduction de peine concernant les hommes du corps de la marine et ceux pour lesquels le Ministre demande des renseignements particuliers en vue de mesures gracieuses. Il est également employé pour les renseignements à fournir sur les militaires condamnés à la réclusion ou aux travaux forcés par un conseil de guerre ou en cas de recours en grâce.

(1) Pour grâce ou réduction de peine; dans ce dernier cas, indiquer la quotité de la durée de réduction proposée.

(2) Le commandant de ou l'agent principal de la prison militaire. Dans les prisons non commandées par un officier spécialement affecté à la prison, cet état doit porter le nom du délégué du commandant d'armes.

(3) Gouverneur militaire, commandant de corps d'armée, général commandant la division en Algérie ou la division d'occupation de Tunisie.

CORPS D'ARMEE.

PLACE d

MODÈLE N° 10.

Art. 13 et 57 de l'Instruction du 10 décembre 1900.

JUSTICE MILITAIRE.

FORMAT :
Hauteur......... 0m,37
Largeur.......... 0m,24

(1)

ÉTAT

des détenus dont la peine expire dans le courant du mois de (2)
et devant être dirigés sur (3)

M (4)

(1) Indiquer l'établissement.
(2) Indiquer le mois.
(3) Un bataillon d'infanterie légère d'Afrique ou sur un régiment ou sur une compagnie de discipline.
(4) Le gouverneur militaire ou le général commandant le corps d'armée ou le Ministre (Direction du Contentieux et de la Justice militaire; Bureau de la Justice militaire.)
Il est dressé des états distincts pour les militaires sur la destination desquels les gouverneurs militaires ou généraux commandant de corps d'armée sont appelés à statuer et pour ceux dont l'affectation doit être prononcée par le Ministre. Les premiers sont adressés au gouverneur militaire ou au général commandant de corps d'armée, les seconds seuls sont envoyés au Ministre sans bordereau d'envoi.

NUMÉROS D'ÉCROU.	NOMS et PRÉNOMS.	GRADES qu'ils avaient et corps auxquels ils appartiennent.	DATE des JUGEMENTS et désignation des conseils de guerre.	MOTIFS de LA CONDAMNATION, nature et durée de la peine. Réductions de peines obtenues depuis la condamnation.	DATE DU JOUR de l'expiration de la peine.	TEMPS de SERVICE restant à faire

RENSEIGNEMENTS		PROPOSITION sur les destinations à donner.	DÉCISION du GÉNÉRAL commandant le corps d'armée.	DÉCISION du MINISTRE.	OBSERVATIONS.
sur les antécédents	sur LA MORALITÉ et la conduite des hommes pendant leur détention.				

Fait par nous (1) soussigné

A , le 19 .

(3)

Vu :

Le Général commandant la subdivision,

Vu :

(2)

(1) Commandant de ou agent principal de la prison de

(2) Gouverneur militaire ou général commandant de corps d'armée, la division militaire en Algérie ou la division d'occupation de Tunisie.

(3) Dans les prisons non commandées par un officier spécialement affecté à la prison, cet état doit porter le visa du délégué du commandant d'armes.

• CORPS D'ARMÉE

PLACE

d

MODÈLE N° 10 *bis.*

Art. 13 et 57 de l'Instruction du 10 décembre 1900.

FORMAT :

Hauteur......... 0m,37
Largeur......... 0m,24

JUSTICE MILITAIRE.

(1)

ÉTAT des détenus appartenant à l'armée de mer dont la peine expire dans le courant du mois d et qui sont susceptibles d'être (2)

A Monsieur le Ministre de la marine.

(1) Indiquer l'établissement.

(2) Replacés dans leur corps, ou affectés aux bataillons d'Afrique, ou envoyés aux compagnies disciplinaires des colonies. Il est fait des états distincts pour chaque catégorie d'hommes. De même il est dressé des états spéciaux pour les hommes des compagnies disciplinaires des colonies qui lors de leur libération n'ont plus à fournir qu'un temps de service militaire ne comportant pas leur renvoi aux colonies.

NUMÉROS D'ÉCROU.	NOMS et PRÉNOMS.	GRADES au corps d'origine et désignation de ce corps.	DATES des jugements et désignation des juridictions.	MOTIFS de la condamnation, nature et durée de la peine, et réductions de peine obtenues depuis la condamnation.

Fait par nous soussigné, commandant *ou* agent principal de
A , le 19 .

(1)

(1) Dans les prisons militaires non commandées par un officier spécialement affecté à la prison, cet état doit porter le visa des délégués du commandant d'armes.

DATE du jour de l'expiration de la peine.	TEMPS de service restant à accomplir.	RENSEIGNEMENTS sur les antécédents.	sur la moralité et la conduite des hommes pendant leur détention.	PROPOSITIONS sur les DESTINATIONS à donner.	AVIS du général commandant le corps d'armée.

Vu :

Le Général commandant la subdivision,

Certifié le présent état

(1) *Le Général commandant le ° corps d'armée,*

' CORPS D'ARMÉE.

(1) Indiquer l'établissement pénitentiaire.

RÉPUBLIQUE FRANÇAISE.

JUSTICE MILITAIRE.

(1)

MODÈLE n° 10 *ter*.

Articles 13 et 57 de l'instruction du 10 décembre 1900.

Format du papier :
Hauteur..... 0m,320
Largeur..... 0m,215

Nom : , prénoms :
surnoms :
Né le à arrondissement d ,
département d .
Profession :
Temps de service restant à accomplir :

SIGNALEMENT.

RENSEIGNEMENTS ANTHROPOMÉTRIQUES.		RENSEIGNEMENTS DESCRIPTIFS.	
Taille :		Couleur.	Yeux
Envergure :			Barbe
Buste :			Cheveux
Tête.	Longueur.......	Front.	Inclinaison......
	Largeur........		Hauteur........
Oreille droite.	Longueur.......		Largeur........
	Largeur........	Nez.	Racine.........
Longueur.	Pied g..........		Dos............
	Médius g........		Dimensions.....
	Auriculaire g....		
	Coudée g.......		

PRINCIPALES MARQUES PARTICULIÈRES.

Condamné le par à
et ans d'interdiction de séjour pour

Interdiction de séjour spéciale :

A , le 19 .

(Signature).

· CORPS D'ARMÉE.

(1) Indiquer l'établissement pénitentiaire.

RÉPUBLIQUE FRANÇAISE.

JUSTICE MILITAIRE.

(1)

MODÈLE N° 10 *quater*.

Art. 13 et 57 de l'instruction du 10 décembre 1900.

Format du papier :
Hauteur..... 0m,320
Largeur..... 0m,213

Date de l'élargissement :

Nom : , prénoms : ,
surnoms : , célibataire, marié enfants.
Né le à , arrondissement d ,
département d , fils de et de .
Profession :

SIGNALEMENT DU CONDAMNÉ.

I. — RENSEIGNEMENTS ANTHROPOMÉTRIQUES.

Taille :
Envergure :
Buste :
Tête. { Longueur.......
Largeur.......
Oreille droite. { Longueur.......
Largeur.........
Longueur. { Pied g..........
Médius g........
Auriculaire g....
Coudée g........

II. — RENSEIGNEMENTS DESCRIPTIFS.

Couleur. { Yeux
Barbe
Cheveux
Front. { Inclinaison......
Hauteur........
Largeur........
Nez. { Racine ....
Dos...........
Dimensions.....

Traits caractéristiques :

III. — PRINCIPALES MARQUES PARTICULIÈRES.

CONDAMNATIONS PRONONCÉES.		DATES des arrêts ou jugements.	PEINES INFLIGÉES.	DURÉE de l'interdiction de séjour.
MOTIFS.	COURS, TRIBUNAUX ou conseils de guerre			

CONDAMNATIONS PRONONCÉES.		DATES des arrêts ou jugements.	PEINES infligées.	DURÉE de l'interdiction de séjour.
MOTIFS.	COURS, TRIBUNAUX ou conseils de guerre			

Conduite { avant la détention :
pendant la détention :

Décisions gracieuses intervenues.

Moyens d'existence connus :

Résidence et ressources de la famille :

A , le 19 .

(Signature)

Format :
Hauteur........ 0m,32.
Largeur........ 0m,21.

JUSTICE MILITAIRE.

Modèle n° 11.

Art. 13 de l'Instruction du 10 décembre 1900.

(2)

AVIS
DE DÉCISION GRACIEUSE.

Avis de décision gracieuse à mentionner sur le bulletin n° 1 du casier judiciaire délivré à M. le Procureur de la République près le tribunal de ou à M. le Commissaire du Gouvernement près le Conseil de guerre d (1)

Le nommé
né le 19 , à ,
arrondissement d , département
d , condamné le ,
par le Conseil de guerre séant à ,
à la peine de ,
pour
détenu à , a été, par décret du
, l'objet de la mesure d'indulgence
suivante :

Délivré, le

(4)

M (3)

(1) Rayer, selon le cas, la 1re ou la 2e destination.
(2) Désigner l'établissement.
(3) Le procureur de la République de ou le commissaire du Gouvernement près le conseil de guerre de
(4) Le commandant de l'établissement ou l'agent principal. Dans les prisons non commandées par un officier spécialement affecté à la prison, cet avis doit porter le visa du délégué du commandant d'armes.

e CORPS D'ARMÉE

—

PLACE

d

Dans les prisons non commandées par un officier spécialement affecté à la prison, cet état doit porter le visa du délégué du commandant d'armes.

MODÈLE N° 12.

—

Art. 13 de l'Instruction du 10 décembre 1900.

FORMAT :

Hauteur......... 0m,21
Largeur......... 0m,32

(1) Désignation de l'établissement.

JUSTICE MILITAIRE.

(1)

EXTRAIT des registres d'écrou et de moralité.

NUMÉRO D'ÉCROU.	NOMS et PRÉNOMS.	CORPS AUQUEL appartenait le condamné.	CONSEILS DE GUERRE qui ont rendu les jugements.	CONDAMNATIONS SUBIES à l'établissement.	DATE de L'ARRIVÉE à l'établissement.	GRACES ou COMMUTATION de peine.	CONDAMNATIONS ANTÉRIEURES.	CONDUITE TENUE à l'établissement d'après le registre de moralité.	MOTIFS ET DATES des sorties définitives.

CERTIFIÉ conforme aux inscriptions des registres d'écrou et de moralité.

A , le 19 .

Le Commandant de l'établissement ou l'Officier commandant la prison ou l'Agent principal.

Format du papier :

Hauteur...... 0m,35
Largeur...... 0m,23

(1) Désigner l'établissement.
(2) Portion centrale *ou* détachement de
(3) Capitaine, commandant *ou* major de la garnison.

MODÈLE N° 13.

Art. 135 et 198 de l'instruction du 10 décembre 1900.

(1)

(2)

LIVRET D'ORDINAIRE

Le présent livret contenant (trente-quatre) feuillets, celui-ci compris, a été coté et paraphé par nous (3) pour servir du au 19 .

A , le 19 .

TENUE DU LIVRET.

Le livret d'ordinaire est annuel (du 1er janvier, ou du jour de la mise en route des détachements, au 31 décembre).

Il est tenu par le gérant de l'ordinaire ou le chef de détachement.

GESTION DE L'ORDINAIRE.

La gestion de l'ordinaire est assurée :

1° Dans les pénitenciers et ateliers de travaux publics : à la portion centrale, par l'officier adjoint au commandant; sur les chantiers extérieurs, par les chefs de détachement;

2° Dans les prisons militaires, par l'agent principal.

Dispositions concernant les pénitenciers militaires et ateliers de travaux publics.

Chaque jour, le gérant de l'ordinaire détermine, d'après l'effectif, les quantités de denrées présumées nécessaires pour le lendemain. Il les inscrit, à cette date du lendemain, en indiquant l'heure où la livraison devra avoir lieu, sur un simple carnet tracé à la main, remis au fournisseur ou à son fondé de pouvoirs, et qui est représenté au moment de la livraison de chaque jour.

Dans les détachements en route, si l'emploi des carnets de commandes ne peut être pratiqué, en raison des changements successifs de fournisseurs, il est fait usage de bons simples.

Le gérant de l'ordinaire procède à la réception des denrées et refuse celles qu'il juge ne pas être de bonne qualité. Il inscrit ensuite les quantités reçues, d'abord dans une deuxième colonne du carnet précité, en regard des quantités prévues la veille, et desquelles elles ne diffèrent guère en général, puis au livret d'ordinaire.

Le livret est décompté tous les mois en quantités et en valeur; il est certifié et arrêté par le gérant de l'ordinaire, puis vérifié par le commandant de l'établissement. Le décompte sert à la vérification des factures des fournisseurs. Ces factures, établies mensuellement, sont remises pour visa au gérant de l'ordinaire; l'officier d'administration comptable les acquitte après les avoir vérifiées au moyen du livret d'ordinaire pour la portion centrale, et des relevés des recettes et des dépenses, pour les détachements.

A cet effet, un relevé des recettes et des dépenses du mois écoulé est adressé par chaque chef de détachement avec les factures correspondantes.

Les résultats mensuels des livrets de détachements sont reportés alors au livret d'ordinaire de la portion centrale, de manière que celui-ci fasse ressortir les recettes et les dépenses de l'ensemble de la gestion.

Les livrets d'ordinaire des détachements ne sont communiqués à la portion centrale, en cours de gestion, qu'en cas d'absolue nécessité. Ils y sont adressés en fin d'année pour être conservés.

Dispositions concernant les prisons militaires.

Les dispositions qui précèdent sont applicables à la gestion de l'ordinaire des prisons militaires sous la réserve que l'agent principal, gérant de l'ordinaire, remplit en même temps les attributions de l'officier d'administration comptable, relativement à la vérification et au payement des factures. La vérification du livret d'ordinaire est assurée par le commandant d'armes.

Recettes.

1° Les primes et demi-primes d'ordinaire dont le taux est fixé chaque année par le Ministre;

2° L'indemnité représentative de la ration hygiénique, en cas d'épidémie;

3° Le remboursement par les corps de troupe des frais de nourriture des hommes punis disciplinairement;

4° Le produit de la vente des issues et eaux grasses;

5° La valeur des amendes infligées aux fournisseurs;

6° La moitié de la valeur des moins-perçus en pain, constatés en fin d'exercice après balance avec les trop-perçus;

7° Les allocations spéciales faites aux détachements se trouvant dans des conditions particulièrement onéreuses;

8° Les secours alloués après nivellements des masses, prescrits s'il y a lieu par le Ministre.

Dépenses.

1° L'achat des denrées à l'exception de la ration de pain qui est fournie en nature par le service des vivres;

2° L'achat des combustibles nécessaires à la préparation des aliments;

3° L'entretien et le renouvellement des ustensiles de cuisine autres que ceux fournis et entretenus par le service du génie, et à l'exception de l'étamage des objets à l'usage individuel (gamelles, quarts, cuillers et fourchettes) qui est à la charge de la masse d'habillement;

4° L'achat, l'entretien et le blanchissage des effets spéciaux des cuisiniers et aides-cuisiniers;

5° L'achat des livrets d'ordinaire et des relevés, ainsi que des carnets de commande de denrées;

6° L'achat des cruches en grès;

7° L'achat des sabots pour le personnel de la cuisine;

8° L'achat d'ingrédients pour les soins de propreté corporelle des détenus;

9° L'achat et l'entretien des manettes pour le transport des gamelles;

10° Le chauffage de l'eau pour les bains et l'entretien des appareils à cet usage;

11° Le blanchissage du linge de corps;

12° L'achat des crachoirs en faïence ou fer émaillé;

13° Les fournitures pour la correspondance des détenus;

14° L'achat et l'entretien des instruments ainsi que la fourniture des ingrédients nécessaires aux perruquiers;

15° L'achat des registres, imprimés et objets de bureau nécessaires pour le service de l'infirmerie, dans la limite d'une dépense de 12 francs par an.

Inventaire permanent du matériel de l'ordinaire.

A. — Matériel acheté sur les fonds de l'ordinaire.

Dates des entrées et des sorties, ainsi que des remises de service.	Désignation des mouvements. — Motifs des entrées et des sorties.	Objets en service				Émargement du gérant de l'ordinaire.
		Cuisine.	Réfectoires.	Chambres.	Divers.	

Nota. — La situation s'établit : au 1er janvier, par le report des existants ; puis, à chaque remise de service et enfin au 31 décembre.

Inventaire permanent du matériel de l'ordinaire.

B. — Matériel fourni par d'autres fonds que ceux de l'ordinaire.

Dates des entrées et des sorties ainsi que des remises de service.	Désignation des mouvements. — Motifs des entrées et des sorties.	Objets en service. Service du génie.	Objets en service.	Objets en service.	Émargement du gérant de l'ordinaire.

C. — Matériel en magasin.

Dates des entrées et des sorties.	Désignation des mouvements.	Matériel acheté sur les fonds de l'ordinaire.	Matériel acheté par d'autres fonds que ceux de l'ordinaire.	Observations

Recettes du mois d

DATES.	EFFECTIF présents.	DÉCOMPOSITION DE L'EFFECTIF. Détenus et passagers condamnés ayant droit : à la prime d'ordinaire.	à la demi-prime d'ordinaire.	Prévenus et passagers non condamnés ayant droit : à la prime spéciale d'ordinaire.	à la demi-prime spéciale d'ordinaire.	à la prime spéciale réduite en cas de punition de cellule.	Disciplinaires dont la nourriture est à la charge de leurs corps.	Détenus se nourrissant à leurs frais et ne recevant aucune allocation au titre de l'établissement.		NOMBRE DE JOURNÉES donnant droit à des allocations extraordinaires. [illegible]		OBSERVATIONS.
1	2	3	4	5	6	7	8	9	10	11	12	13
1er........												
2........												
3........												
4........												
5........												
6........												
7........												
8........												
9........												
10........												
11........												
12........												
13........												
14........												
15........												
16........												
17........												
18........												
19........												
20........												
21........												
22........												
23........												
24........												
25........												
26........												
27........												
28........												
29........												
30........												
31........												
TOTAUX des journées..												
TOTAUX des allocations												
MONTANT....												

RÉCAPITULATION DES RECETTES ET BALANCE DU MOIS.

1° *Allocations ressortant à la feuille de journées :*

a) Primes et demi-primes d'ordinaire (report des colonnes 3 à 7)
b) Allocations extraordinaires (report des colonnes 11 et 12)...

2° *Recettes diverses.*

Remboursement par les corps de la nourriture des hommes punis disciplinairement (Voir recette n°   )..............
Produit de la vente des issues et eaux grasses (Voir recette n°   )..
Valeur des amendes infligées aux fournisseurs (Voir recette n°   )..
Valeur de la moitié des moins-perçus en pain constatés en fin d'année (Voir recette n°   )..............................

3° *Recettes concernant les détachements*
(d'après les relevés mensuels produits).

Détachement d ....
Détachement d ....
Détachement d ....
Détachement d ....
Détachement d ....
Détachement d ....

TOTAL des recettes du mois..................
A ajouter : l'excédent de recettes du mois précédent........

TOTAL GÉNÉRAL..............................
Report des dépenses d'autre part....................

Partant, il y a un excédent de { recettes ....
{ dépenses........................

VÉRIFIÉ :
Le (2)

CERTIFIÉ et ARRÊTÉ :
Le (1)

VU et VÉRIFIÉ :
Le Sous-Intendant militaire (3)

(1) Gérant de l'ordinaire.
(2) Commandant d'armes ou commandant de l'établissement.
(3) Art. 251 de l'instruction du 10 décembre 1900.

Dépenses du mois d

DATES.	DÉSIGNATION DES DENRÉES.	VIVRES REMBOURSABLES.	MONTANT TOTAL.	OBSERVATIONS.
1er..........			RÉCAPITULATION.	
2..........			—	
3..........			Boucher..	
4..........				
5..........			Boulanger	
6..........				
7..........			Epicier...	
8..........				
9..........			Service des subsistances....	
10..........				
11..........				
12..........				
13..........				
14..........				
15..........				
16..........				
17..........				
18..........				
19..........				
20..........				
21..........				
22..........				
23..........				
24..........				
25..........				
26..........				
27..........				
28..........				
29..........				
30..........				
31..........				
TOTAUX des sorties.				
Prix de l'unité				
Décompte....				
		TOTAL...		

Dépenses diverses (Voir dépense n°) ....

....

....

....

Total pour la portion centrale........

A ajouter.
- Dépenses du détachement de ....
- Dépenses du détachement de ....
- Dépenses du détachement de ....
- Dépenses du détachement de ....

TOTAL des dépenses pour l'ensemble de l'établissement.

Format du papier :
Hauteur.......... 0m,33
Largeur.......... 0m,23

(1) Désigner l'établissement.

Modèle n° 13 *bis*.

Art. 135 et 198 de l'instruction du 10 décembre 1900.

(1)

DÉTACHEMENT D

RELEVÉ

des recettes et des dépenses de l'ordinaire pendant le mois d 19 .

Recettes du mois d

DATES.	EFFECTIF des présents.	DÉCOMPOSITION DE L'EFFECTIF.								NOMBRE DE JOURNÉES donnant droit à des allocations extraordinaires.		OBSERVATIONS.
		Détenus et passagers condamnés ayant droit		Prévenus et passagers non condamnés ayant droit			Disciplinaires dont la nourriture est à la charge de leurs corps.	Détenus se nourrissant à leurs frais et ne recevant aucune allocation au titre de l'établissement.		Indemnité représentative de la ration hygiénique en cas d'épidémie.		
		à la prime d'ordinaire.	à la demi-prime d'ordinaire.	à la prime spéciale d'ordinaire.	à la demi-prime spéciale d'ordinaire.	à la prime spéciale réduite en cas de punition de cellule						
1	2	3	4	5	6	7	8	9	10	11	12	13
1er.........												
2.........												
3.........												
4.........												
5.........												
6.........												
7.........												
8.........												
9.........												
10.........												
11.........												
12.........												
13.........												
14.........												
15.........												
16.........												
17.........												
18.........												
19.........												
20.........												
21.........												
22.........												
23.........												
24.........												
25.........												
26.........												
27.........												
28.........												
29.........												
30.........												
31.........												
Totaux des journées..												
Totaux des allocations												
Montant......												

RÉCAPITULATION DES RECETTES ET BALANCE DU MOIS.

1° *Allocations ressortant à la feuille de journées :*

a) Primes et demi-primes d'ordinaire (report des colonnes 3 à 7)..

b) Allocations extraordinaires (report des colonnes 11 et 12)...

2° *Recettes diverses.*

Produit de la vente des issues et eaux grasses (voir recette n°)..

Valeur des amendes infligées aux fournisseurs (voir recette n°)..

Total des recettes............

A ajouter : l'excédent des recettes du mois précédent...

Total général des recettes....

Les dépenses s'élèvent pendant le mois à..............

Partant, il y a un excédent de { recettes.............. / dépenses.............. }

Certifié :

Le Chef du détachement,

Vérifié :

Le Lieutenant adjoint (ou l'Agent principal),

Dépenses du mois d

DATES.	DÉSIGNATION DES DENRÉES	VIVRES REMBOURSABLES.	MONTANT TOTAL.	OBSERVATIONS.
1er........			RÉCAPITULATION.	
2........				
3........			Boucher..	
4........				
5........			Boulanger	
6........				
7........			Epicier...	
8........				
9........			Service des subsistances....	
10........				
11........				
12........				
13........				
14........				
15........				
16........				
17........				
18........				
19........				
20........				
21........				
22........				
23........				
24........				
25........				
26........				
27........				
28........				
29........				
30........				
31........				
Totaux des denrées.				
Prix de l'unité				
Décompte..				
		TOTAL...		
	Dépenses diverses...			
		TOTAL des dépenses.....		

Modèle n° 14.

Art. 17 de l'Instruction du 10 décembre 1900.

JUSTICE MILITAIRE.

Format :

Hauteur .... 0m,32.
Largeur .... 0m,21.

(1) {

REGISTRE DU VAGUEMESTRE.

Le présent registre, contenant feuillets, celui-ci compris, a été coté et parafé par nous, Sous-Intendant militaire, pour servir à l'enregistrement tant des sommes d'argent et lettres chargées qui seront remises par le receveur des postes au vaguemestre d à l'adresse des officiers, sous-officiers et détenus de cet établissement, que des divers chargements qu'il a déposés et des mandats ou bons de poste qu'il a pris dans ces bureaux, pour le compte desdits officiers, sous-officiers et détenus.

A , le 19 .

(1) Désignation de l'établissement pénitentiaire.

1re Partie. — *Sommes et lettres chargées à retirer des bureaux de poste.*

REMISE DE MANDATS OU BONS DE POSTE AU VAGUEMESTRE PAR LE PERSONNEL OU PAR LES DÉTENUS.							REMISE AU VAGUEMESTRE DE POSTE OU REMISE DES POSTE.		LA VALEUR DES MANDATS ET BONS CHARGEMENTS PAR LE BUREAU DE	ACQUITS DU TITULAIRE des mandats, bons de poste, ou des chargements.		REÇUS DES RECEVEURS ou employés pour les objets non distribués.
Numéros d'enregistrement.	Numéros des mandats.	Dates du mandat ou des bons de poste.	Noms des militaires ou détenus auxquels les articles sont adressés.	Numéros matricules ou numéros d'écrou.	Bureaux de départ.	Dates des remises des mandats ou des bons de poste au vaguemestre.	Dates.	Montant du mandat ou du bon de poste payé au vaguemestre ou du chargement.	Désignation des bureaux et signatures des receveurs ou employés qui ont payé le mandat, le bon de poste ou remis le chargement.	Dates.	Signature du destinataire.	

2e Partie. — *Chargements et envois d'argent à faire par le vaguemestre.*

REMISE PAR LES CONVOYEURS DES LETTRES A CHARGER OU DES SOMMES A EXPÉDIER PAR MANDATS OU BONS DE POSTE.							REMISE DES MANDATS OU RÉCÉPISSÉS DE CHARGEMENTS.		OBSERVATIONS.
Numéros d'enregistrement.	Dates.	Expéditeurs.	Numéros matricules, ou d'écrou.	Montant des mandats, bons de poste ou valeur des chargements.	Destination.	Bureaux où les chargements et dépôts ont été faits.	Dates.	Signature des envoyeurs.	

Trimestre 19 .

N° d'inscription au registre journal des recettes et dépenses.

Modèle n° 15.

Art. 17 de l'Instruction du 10 décembre 1900.

Format :

Hauteur........ 0m,32.
Largeur........ 0m,21.

(1) {

(1) Désigner l'établissement.
(2) Signature du vaguemestre.
(3) Signature du commandant du pénitencier ou atelier.

ÉTAT

indiquant les sommes retirées de la poste pour les détenus par le vaguemestre et provenant des valeurs adressées aux détenus ou de retraits de dépôts à la Caisse nationale d'épargne.

NUMÉROS D'ÉCROU.	NOMS.	MONTANT.	OBSERVATIONS.
	Total........		

Certifié par nous, Vaguemestre, le présent état à la somme de :

A , le 19 .

(2)

Vu et vérifié,

A , le 19 .

Le (grade) *commandant le,*

(3)

L'Officier d'administration comptable (*ou* l'Agent principal) reconnaît avoir reçu du vaguemestre la somme de :

A , le 19 .

Vu :

Le Sous-Intendant militaire,

FORMAT :
Hauteur........ 0m,32.
Largeur........ 0m,21.

MODÈLE N° 16.

Art. 18 de l'Instruction du 10 décembre 1900.

(1) Désigner l'établissement.

(1) {

RAPPORT du 19 .

DÉSIGNATION des SECTIONS.	PRÉSENTS.											ABSENTS						TOTAL.	EFFECTIF.
	AYANT TRAVAILLÉ				N'AYANT PAS TRAVAILLÉ							à l'hôpital.		en jugement		en témoignage.			
	comme ouvriers.	comme apprentis		détenus dans le service intérieur.	non occupés.		à l'infirmerie.		en punition.		Total des présents.								
		de • catégorie.	de • catégorie.		Ouvriers.	Apprentis.	Ouvriers.	Apprentis.	Ouvriers.	Apprentis.		Ouvriers.	Apprentis.	Ouvriers.	Apprentis.	Ouvriers	Apprentis.		
TOTAUX......																			
Totaux généraux																			

L'Adjudant sous-officier de surveillance,

ÉVÉNEMENTS SURVENUS DURANT LA JOURNÉE DU

DETENUS PUNIS DANS LA JOURNÉE DU

MUTATIONS.

CORPS D'ARMÉE

—

PLACE d

(1) D'incarcération ou de passage (2ᵉ partie).
(2) Militaires subissant une punition disciplinaire ou militaires passagers non condamnés.

MODÈLE Nº 17.

—

Art. 39 de l'Instruction du 10 décembre 1900.

FORMAT :
Hauteur......... 0ᵐ,51
Largeur......... 0ᵐ,34

CADRE :
Hauteur......... 0ᵐ,47
Largeur......... 0ᵐ,30

PRISON MILITAIRE

DE

REGISTRE

(1)

DES MILITAIRES.

(2)

Le présent registre, contenant feuillets (dont pour la table alphabétique), a été coté et paraphé sur le premier et le dernier feuillet par nous, Commandant d'armes.

A , le 19 .

Ce modèle est à l'usage exclusif des prisons.

Chaque registre d'incarcération doit être coté et paraphé, avant toute inscription, par le commandant d'armes.

Ce registre sera constamment tenu à jour.

La plus grande surveillance est recommandée, à cet égard, à toutes les autorités militaires qui ont la police et l'inspection ou la surveillance administrative des prisons.

Les registres d'incarcération remplis devront être conservés avec soin par les agents principaux.

Si la punition a été subie en partie à la prison du corps, on portera dans la colonne « Observations » la mention : « dont tant de jours subis au corps. »

Les motifs des sorties définitives devront être portés dans la colonne 10. Aucun motif autre que la sortie définitive de la prison ne devra faire rayer le détenu du registre d'incarcération.

Lors de la sortie définitive, les cases affectées au détenu sont rayées d'un trait diagonal à l'encre noire.

MODÈLE 17.

Numéro sous lequel le militaire est incarcéré.	NOM et PRÉNOMS du militaire.	GRADE.	Désignation du corps auquel appartient le militaire.	Durée et motifs de la détention à subir.	Date de l'entrée en prison.	Signature du gendarme ou autre qui a incarcéré le militaire.	Date de la sortie.	Signature du gendarme ou autre qui a levé l'écrou du militaire.	MOTIFS des SORTIES DÉFINITIVES. (Destination donnée aux détenus sortis définitivement.)
1	2	3	4	5	6	7	8	9	10

• CORPS D'ARMÉE
ou
GOUVERNEMENT
MILITAIRE
d

—

PLACE (1)
d

—

ANNÉES 19 à

(1) Désignation de l'établissement.
(2) D'écrou *ou* de passage (1re partie).
(3) des militaires en prévention ou des condamnés militaires ou des passagers militaires condamnés.

MODÈLE N° 18.

—

Article 39 de l'Instruction du 10 décembre 1900.

FORMAT DU PAPIER :

Hauteur........ 0m,51
Largeur......... 0m,34

CADRE :

Hauteur........ 0m,47.
Largeur .... 0m,30.

REGISTRE

(2)

(3) *des militaires*

Le présent registre, contenant feuillets (dont pour la table alphabétique), a été coté et paraphé sur le premier et le dernier, par nous,

A , le 19 .

NOTA. — Chaque registre d'écrou doit être coté et paraphé, avant toute inscription, par le rapporteur près le conseil de guerre ou par le commandant d'armes. Le registre sera constamment tenu à jour; la plus grande surveillance est recommandée à cet égard à toutes les autorités militaires qui ont la police et l'inspection ou la surveillance administrative des établissements pénitentiaires. Les registres remplis devront être conservés dans les archives de l'établissement.

Les motifs de la sortie définitive devront être portés dans la colonne 11. Aucun motif autre que la *sortie définitive* ne devra faire rayer le détenu du registre d'écrou.

Lors de la sortie définitive, les cases affectées au détenu sur chaque page sont rayées d'un trait diagonal à l'encre noire.

Pour les hommes arrivés à expiration de peine et dirigés librement sur leur corps ou leur foyer, la levée d'écrou est constatée par le chef de poste.

Modèle n° 18

Numéros d'écrou.	NOMS, PRÉNOMS et signalement des condamnés.	DÉSIGNATION des corps ou établissements militaires auxquels ils appartenaient avant leur condamnation.	DÉSIGNATION des conseils de guerre qui ont prononcé les condamnations ou des rapporteurs qui ont délivré les mandats de dépôt ou d'arrêt.	Date, nature, durée et motifs des condamnations ou faits de la prévention.	DATES des ENTRÉES à l'établissement.	SIGNATURE des GENDARMES ou autres qui ont écroué les condamnés.	DATE et NATURE des grâces, des commutations ou réductions de peine.	DATES des SORTIES définitives.	SIGNATURE des GENDARMES ou autres qui ont levé les écrous.	MOTIFS DES SORTIES DÉFINITIVES. — Destinations données aux détenus sortis définitivement.
1	2	3	4	5	6	7	8	9	10	11
	(Nom et prénoms.) fils d et d domiciliés à , canton d , département d , né le à , canton d , département d . Domicilié avant son entrée au service à , canton d , département d ; taille d'un mètre millimètres, cheveux , sourcils , yeux , front , nez , bouche , menton , visage , teint . Profession d Marques particulières : Entré au service, le comme									
	(Nom et prénoms.) fils d et d domiciliés à , canton d , département d , né le à , canton d , département d . Domicilié avant son entrée au service à , canton d , département d ; taille d'un mètre millimètres, cheveux , sourcils , yeux , front , nez , bouche , menton , visage , teint . Profession d Marques particulières : Entré au service, le comme									
	(Nom et prénoms.) fils d et d domiciliés à , canton d , département d , né le à , canton d , département d . Domicilié avant son entrée au service à , canton d , département d ; taille d'un mètre millimètres, cheveux , sourcils , yeux , front , nez , bouche , menton , visage , teint . Profession d Marques particulières : Entré au service, le comme									

CORPS D'ARMÉE — (1) — PLACE D

MODÈLE N° 19. — Art. 39 et 59 de l'Instruction du 10 décembre 1900.

FORMAT : Hauteur......... 0m,32 Largeur......... 0m,21

INVENTAIRE des effets remis au (2) *incarcéré le* *à la prison de*

DÉSIGNATION DES EFFETS.	NOMBRE des EFFETS.	OBSERVATIONS.

Certifié le présent état comprenant (5) effets ou objets.

A , le 19 .
(3)

Le soussigné certifie être détenteur des effets ou objets portés au présent état.

(4)

L'Agent principal soussigné de la prison de certifie que le nommé était détenteur au moment de son incarcération des effets ou objets portés au présent état.

A , le 19 .

L'Agent principal,

Le Chef d'escorte soussigné certifie que le est détenteur des effets ou objets portés au présent état.

A , le 19 .
(6)

En cas d'évacuation ultérieure :
Le Chef d'escorte soussigné certifie que le nommé a reçu les effets ou objets portés au présent état lors de sa sortie de la prison de

A , le 19 .
(6)

L'Officier d'administration comptable de (7) certifie que le était détenteur, au moment de son incarcération, des objets portés au présent état.

A , le 19 .

L'Officier d'administration comptable,

(1) Désignation du corps de troupe.
(2) Grade, noms et prénoms.
(3) Commandant de l'unité administrative.
(4) Signature du militaire incarcéré ou, à défaut, mention du refus de sa signature.
(5) Indiquer le nombre d'objets.
(6) Signature du chef d'escorte.
(7) L'agent principal en cas d'évacuation sur une autre prison militaire.

Modèle n° 20.

Art. 40 de l'Instruction du 10 décembre 1900.

Format :

Hauteur......... 0m,32
Largeur......... 0m,21

PRISON MILITAIRE D

REGISTRE des sommes et bijoux, objets en propriété personnelle déposés par les détenus à leur entrée à la prison ou retirés aux détenus à leur entrée à la prison.

Modèle n° 20.

DATES des DÉPÔTS.	NOMS des DÉTENUS.	N°s D'ÉCROU.	ARGENT DÉPOSÉ	BIJOUX, VALEURS ET OBJETS déposés.	ÉMARGEMENT DES DÉTENUS à l'entrée.	DATE DE LA REMISE aux déposants ou de la vente ou de l'expédition	ÉMARGEMENT DES DÉTENUS à la sortie.	OBSERVATIONS.
7 mai 1900.	Jacques (P^re).	3845	10 20	Une montre métal blanc.	Pierre Jacques.	20 mai 1900.	Pierre Jacques.	
10 mai 1900	Noel (René).	3846	17 40	Une montre or, une chaîne de montre doublé or, une obligation de la ville de Paris.	René Noel.	5 juin 1902.	René Noel.	

ANNÉE .

MODÈLE N° 21.

Art. 44 et 46 de l'Instruction du 10 décembre 1900.

FORMAT :
Hauteur........ 0m,325
Largeur........ 0m,210

OBSERVATIONS.

(1) Désignation de l'établissement.

CONTROLE NOMINATIF

1° Du personnel ayant compté à l'effectif de l'établissement pénitentiaire pendant l'année 19 ;

2° Des militaires détenus pendant l'année 19 ;

INSTRUCTION.

I. PERSONNEL.

Le contrôle est annuel; les sous-officiers attachés à titre auxiliaire à l'établissement figurent à la suite des sous-officiers de la justice militaire.

Les officiers et sous-officiers composant le personnel de l'établissement pénitentiaire sont classés par grade dans l'emploi.

II. DÉTENUS.

Le contrôle des détenus est également annuel. Dans les prisons, il est divisé en deux parties : militaires non condamnés et militaires condamnés.

Les noms des détenus sont largement espacés et séparés par des traits horizontaux.

NOTA. — Le contrôle du personnel est présenté dans un tableau faisant suite au présent feuillet, tracé conformément au modèle n° 21 annexé au règlement du 29 mai 1890 sur la solde.

(1) 1re ou 2e partie.

II. DÉTENUS.

° PARTIE (1).

NOMS et PRÉNOMS.	CORPS.	GRADE.	NUMÉROS D'ÉCROU.	MUTATIONS ET MOUVEMENTS SURVENUS PENDANT LES				REVUE D'EFFECTIF PASSÉE							
				1er trimestre. Indiquer dans cette colonne le dernier mouvement des détenus absents au 1er janvier.	2e trimestre.	3e trimestre.	4e trimestre.	le		le		le		le	
								Absents.	Présents.	Absents.	Présents.	Absents.	Présents.	Absents.	Présents.

Ce cadre s'étend sur le verso et le recto formant deux pages consécutives de manière à présenter une largeur de 0m,36.

GOUVERNEMENT MILITAIRE
ou
CORPS D'ARMÉE
ou
DIVISION TERRITORIALE
ou
DIVISION D'OCCUPATION
de Tunisie.

PLACE d

JUSTICE MILITAIRE.

MODÈLE N° 22.

Art. 103 de l'Instruction du 10 décembre 1900.

FORMAT :
Hauteur......... 0m,75
Largeur.......... 0m,20

PERMIS INDIVIDUEL
de visite d'un détenu.

Il est permis à M (1) demeurant à (2) d'entrer à (3) le (4) pour y voir le nommé (5) (6) détenu dans cet établissement pénitentiaire à titre de

A , le 19

Le Commandant d'armes.

(7)

(8)

(1) Nom et prénoms.
(2) Lieu de domicile et adresse.
(3) Désignation de l'établissement pénitentiaire.
(4) Date pour laquelle le permis est valable.
(5) Nom et prénoms du détenu.
(6) Grade et corps auquel appartenait le détenu.
(7) Si le détenu est en prévention, la présente autorisation doit porter la mention : « Vu, pour autorisation de communiquer », signée du commissaire du Gouvernement ou du rapporteur.
(8) En cas d'autorisation exceptionnelle de communication directe accordée à un proche parent, la mention signée suivante sera portée au travers du présent permis : « Communication directe. »

Modèle n° 23.

Art. 114 de l'Instruction du 10 décembre 1900.

REGISTRE de relevé des fonds et valeurs trouvés dans les lettres.

FORMAT :
Hauteur......... 0m,32
Largeur......... 0m,21

N° D'ÉCROU DU DESTINATAIRE.	NOM DU DÉTENU DESTINATAIRE de la lettre contenant des valeurs.	ÉMARGEMENT des personnes ayant participé à l'ouverture de la lettre.	DATE de L'ARRIVÉE de la lettre.	INVENTAIRE DES VALEURS trouvées dans la lettre.	DATE de la REMISE des valeurs au comptable ou au vaguemestre.	ÉMARGEMENT du comptable ou du vaguemestre pour prise en charge.

Modèle n° 24.

Art. 114 de l'Instruction du 10 décembre 1900.

Format :
Hauteur......... $0^m,32$
Longueur........ $0^m,21$

CARNET d'entrée et de distribution des timbres-poste appartenant aux détenus (1).

Numéro d'écrou des détenus propriétaires détenteurs.	NOMS DES DÉTENUS propriétaires de timbres.	DATE de la PRISE en charge.	NOMBRES de timbres			DATES DE L'EMPLOI DES TIMBRES ET ÉMARGEMENT DES DÉTENUS.						
			à 0 fr. 05.	à 0 fr. 10.	à 0 fr. 15.	Affranchissement d'une lettre à 0 fr. 15.	Affranchissement d'une lettre à 0 fr. 15.	Affranchissement d'une lettre à 0 fr. 15.	Affranchissement d'une lettre à 0 fr. 15.	Affranchissement d'une lettre à 0 fr. 15.	Affranchissement d'une lettre à 0 fr. 15.	Affranchissement d'une lettre à 0 fr. 25.
3939	Albert (Emile).	18 mai 1900.		1	6	Date : 1 Parafe : E. A.	Date : 9 Parafe : E. A.	Date : Parafe :	Date : Parafe :	Date : Parafe :	Date : Parafe :	Date : 25 mai. Parafe : E. A.
3945	Merlin (Jean).	19 mai 1900.	10		10	Date : 22 mai. Parafe : J. M.	Date : 25 mai. Parafe : J. M.	Date : 2 juin. Parafe : J. M.	Date : 1er juin. Parafe : J. M.	Date : 9 juin. Parafe : J. M.	Date : 12 juin. Parafe : J. M.	Date : 2 juin. Parafe : J. M.

Nota. — Lorsque les cases d'émargement sont épuisées, s'il reste des timbres non employés, un trait rouge est passé en diagonale sur la ligne réservée au détenu et une nouvelle inscription est faite dans le registre à la date du jour. Exemple, le détenu 3.945 sera rayé le 12 juin et une nouvelle inscription sera faite à la date du 12 juin constatant la possession de 7 timbres à 15 c. et 8 à 5. Un trait diagonal à l'encre noire est passé sur la ligne réservée au détenu, chaque fois qu'il y a épuisement des timbres.

(1) Il y a lieu de tenir compte pour la tenue de ce carnet des nouvelles taxes postales actuellement en vigueur.

e CORPS D'ARMÉE.

—

PLACE D

(1) Désignation de l'établissement.

N° d'inscription au registre-journal des recettes et dépenses.

JUSTICE MILITAIRE.

EXERCICE 19 .

(1re Section. — Dépenses ordinaires.)

e TRIMESTRE.

CHAPITRE , ARTICLE .

(1)

MODÈLE N° 25.

—

Art. 133 de l'Instruction ministérielle du 10 décembre 1900.

FORMAT :

Hauteur......... 0m,32
Largeur......... 0m,21

ÉTAT pour servir au paiement des prestations en deniers dues à l'établissement ci-dessus indiqué pour e mois d

NATURE DES ALLOCATIONS.		TAUX des ALLOCATIONS.	JOURNÉES (NOMBRE.)	DÉCOMPTE.	TOTAL PAR NATURE d'allocation.
		fr. c.			
Masse d'ordinaire.	Journées donnant droit à la prime entière d'ordinaire........				
	Journées donnant droit à la demi-prime d'ordinaire.......				
	Indemnités représentatives d'eau-de-vie				
Indemnités pour frais de bureau	à				
	à				
	à				
	à				
		TOTAL...............			

ARRÊTÉ le présent état à la somme de

A , le 19 .

L (2)

(2) *Les membres du Conseil d'administration,*
ou
L'Officier commandant,
ou
L'Agent principal,

VU et VÉRIFIÉ :

Le Sous-Intendant militaire,

N° de la feuille de cantine.

(1)

MODÈLE N° 26.

Art. 143 de l'Instruction du 10 décembre 1900.

FEUILLE DE CANTINE

du (2)

FORMAT :
Hauteur. 0m,32 ou 0m,37
Largeur. 0m,21 ou 0m,25
(Selon les besoins.)

NOMS ET PRÉNOMS.	N°s D'ÉCROU.	NATURE des DENRÉES OU OBJETS.	PRIX des DIFFÉRENTES espèces de denrées.	DÉPENSE par DÉTENU.
		TOTAL...............		

Le soussigné certifie que les détenus portés audit état ont demandé les fournitures indiquées en regard de leur nom, qui devront leur être délivrées le, à

Le Sergent surveillant, chef de section,

Vu :
Bon à distribuer
(3)

(4) certifie la distribution en sa présence des denrées ci-dessus indiquées, dont le montant total s'élève à
le à heures.

(1) Désignation de l'établissement.
(2) Date du jour de la distribution.
(3) Le lieutenant adjoint ou l'agent principal ou le chef de détachement.
(4) L'adjudant de surveillance, le chef de détachement ou l'agent principal.

NOTA. Les numéros des feuilles de cantine sont donnés par l'adjudant de surveillance, ou le chef de détachement; ils forment une suite continue pendant l'année à l'établissement ou dans chaque détachement.

MODÈLE N° 27.

Art. 145 de l'Instruction du 10 décembre 1900.

REGISTRE DE CANTINE.

FORMAT :
Hauteur........ 0m,33
Largeur........ 0m,27

NOMS et PRÉNOMS des détenus.	N^os D'ÉCROU des détenus.	DÉPENSES DE LA 1re QUINZAINE DE 19																TOTAUX.
		1	2	3	4	5	6	7	8	9	10	11	12	13	14	15		
TOTAUX..........																		

e CORPS D'ARMÉE.

—

PLACE d

—

e TRIMESTRE 19 .

N° d'inscription au registre-journal des recettes et dépenses.

(1)

(1) Désignation de l'établissement.

MODÈLE N° 28.

—

Art. 146 de l'Instruction du 10 décembre 1900.

FORMAT :

Hauteur......... $0^m,32$

Largeur......... $0^m,21$

RELEVÉ des dépenses de cantine effectuées par les détenus pendant la quinzaine d 19 .

NUMÉROS des FEUILLES de cantine.	DÉSIGNATION DES DATES auxquelles s'appliquent les feuilles de cantine.	MONTANT des FEUILLES de cantine.	NUMÉROS des FEUILLES de cantine.	DÉSIGNATION DES DATES auxquelles s'appliquent les feuilles de cantine.	MONTANT des FEUILLES de cantine.
				REPORT.......	
	A REPORTER....			A REPORTER...	

NOTA. — Le présent modèle est établi sur feuillet double; le tableau ci-dessus forme la 1re page. Les 2e et 3e pages portent simplement le cadre et les colonnes avec leurs en-têtes; la 4e page est conforme au modèle figurant au verso.

NUMÉROS des FEUILLES de cantine.	DÉSIGNATION DES DATES auxquelles s'appliquent les feuilles de cantine.	MONTANT des FEUILLES de cantine.	NUMÉROS des FEUILLES de cantine.	DÉSIGNATION DES DATES auxquelles s'appliquent les feuilles de cantine.	MONTANT des FEUILLES de cantine.
	REPORT.....			REPORT.....	
	A REPORTER...			TOTAL........	

Certifié véritable le présent relevé s'élevant à la somme
établi en conformité des (1) feuilles de cantine ci-annexées

A le 19 .

L'Entrepreneur,

Arrêté le présent relevé à la somme de

(2)

A , le 19 .

Reçu la somme du montant du présent relevé

A , le 19 .

L'Entrepreneur,

Vu :

Le Sous-Intendant militaire,

(1) Mettre le nombre de feuilles de cantine.
(2) Les membres du conseil ou l'agent principal.

° CORPS D'ARMÉE

PLACE D

° TRIMESTRE 19 .

JUSTICE MILITAIRE.

(1)

MODÈLE N° 29.

Art. 161 de l'Instruction du 10 décembre 1900.

FORMAT :
Hauteur......... 0m,32.
Largeur......... 0m,21.

CHAUFFAGE ET ÉCLAIRAGE.

CHAPITRE , ARTICLE , § .

Décompte de la valeur en deniers des allocations annuelles maximum de chauffage et d'éclairage d'après les fixations des procès-verbaux dressés le 19 et le 19 .								RÉCAPITULATION DES DÉPENSES réellement effectuées au titre du chauffage et de l'éclairage pendant l'année 19 .
NATURE des APPAREILS	NOMBRE D'APPAREILS de chaque catégorie.	Nombre annuel de journées de chauffage ou d'heures d'éclairage.	NATURE du combustible.	Quantité de combustible par journée ou par heure et par chaque catégorie d'appareils.	Quantités annuelles de combustible par catégorie d'appareils.	Prix d'unité du combustible.	Montant en deniers des allocations maximum.	
I. CHAUFFAGE.								I. CHAUFFAGE.
								Facture n° du sr » »
								— n° du sr » »
								— n° du sr » »
								— n° du sr » »
TOTAL des allocations de chauffage....								TOTAL des dépenses de chauffage...... » »
II. ÉCLAIRAGE.								II. ÉCLAIRAGE.
								Facture n° du sr » »
								— n° du sr » »
								— n° du sr » »
								— n° du sr » »
TOTAL des allocations d'éclairage.....								TOTAL des dépenses d'éclairage....... » »

RÉCAPITULATION DES SOMMES A REMBOURSER A L'ÉTABLISSEMENT.

Montant des dépenses de chauffage.............................. » »
— d'éclairage.............................. » »

TOTAL.............. » »

(1) Désignation de l'établissement pénitentiaire.

CERTIFIÉ véritable le présent état dont le montant s'élève à (1).

A , le 19 .

(2)

Vu :

Le Sous-Intendant militaire.

Mention des reversements au Trésor effectués au moyen des deniers personnels des membres des Conseils d'administration ou agents principaux.

La somme de , montant de l'excédent des dépenses justifiées par les factures annexées au présent état par rapport aux fixations annuelles maxima en deniers, a été reversée au Trésor suivant récépissé n° en date du délivré par

A , le 19 .

(3) *Le Sous-Intendant militaire.*

(1) Si le total des sommes dépensées au titre du chauffage excède le montant des allocations au titre de l'un ou de l'autre objet, l'excédent est versé au Trésor par le conseil d'administration ou l'agent principal de leurs deniers personnels. Le montant de la dépense est ensuite ordonnancé par le sous-intendant militaire au profit de l'établissement qui en a fait l'avance et le récépissé est transmis à l'administration centrale. (Direction du Contentieux et de la Justice militaire; Bureau de la Justice militaire.)

(2) Les membres du Conseil ou l'agent principal.

(3) Le présent état est appuyé des factures d'achat.

(1) Autant que possible le travail d'un atelier sera condensé dans une seule feuille par journée. La hauteur du carnet pourra être réduite si le nombre des travailleurs permet cette diminution.

MODÈLE N° 30.
Art. 179 de l'Instruction du 10 décembre 1900.

FORMAT :
Hauteur 0m.38 (1)
Largeur 0m.25

PRISON MILITAIRE D

CARNET DE TRAVAIL

Journée du 19 .

RELEVÉ du prix du travail des détenus et des salaires attribués au fonds commun.

Numéros d'écrou.	NOM du DÉTENU.	DÉSIGNATION des ARTICLES CONFECTIONNÉS ou emploi.	Nombres d'articles.	Prix d'unité.	Prix des quantités d'ouvrage.	Produit de la journée des détenus.	Compléments à ajouter pour parfaire le minimum de rendement.	Sommes à payer pour les journées de travail aux pièces.	Sommes à payer pour les journées de travail à la journée.	Indemnité de chômage.	Versement au fonds commun.	OBSERVATIONS.
3933	Denis	Chef d'atelier							1 50		0 30	Rendement minimum de la journée de travail aux pièces : 0 fr. 95. Les détenus travaillant à la journée (chef, sous-chef d'atelier, écrivain, ouvrier et apprenti à la journée) figurent en tête de l'état. Récapituler sous une accolade dans la col. 7 le produit des divers objets confectionnés par chaque détenu. Si le travail d'une journée nécessite l'emploi de plusieurs pages, chaque page est revêtue des signatures.
3978	Bernard....	Sous-chef d'atelier......							1 25		0 25	
3960	Jacob.......	Employé aux écritures.							1 05		0 25	
3980	Jacques	Id.							1 05		0 25	
3961	Simon......	Article A du marché...	4	0 325	1 30			1 30			0 25	
3965	Robert	— A —	1	0 325	0 325							
		— B —	1	0 125	0 125	0 80	0 15	0 95			0 20	
		— C —	2	0 175	0 350							
3987	Pierre......	Apprenti, travail à la journée							0 50		0 10	
3990	Paul	Id.							0 50		0 10	
3991	Louis	Id.							0 35		0 10	
3966	Albert......	Ouvrier.................								0 50		
	TOTAUX.....................											

CERTIFIÉ véritable le présent relevé des quantités de travail effectuées dans la journée du et des salaires revenant au fonds commun, arrêté contradictoirement entre l'Entrepreneur et l'Agent principal.

L'Entrepreneur (1), *Le Sergent chef de section.*

(1) Ou le préposé de l'entrepreneur agréé sur sa demande écrite.

•CORPS D'ARMÉE.
—
PLACE DE
—
• TRIMESTRE 19 .
—
Mois de
—
Quinzaine.

JUSTICE MILITAIRE.

(1)

MODÈLE N° 31.
—
Art. 181 de l'Instruction du 10 décembre 1900.

FORMAT :
Hauteur......... 0m,32
Largeur......... 0m,21

FEUILLE de travail portant décompte des sommes dues par le sieur entrepreneur de la main-d'œuvre des détenus de la prison de , en exécution de son marché, pour l'occupation des détenus du (date) au (date-mois) 19 .

CATÉGORIES DE JOURNÉES A LA CHARGE DE L'ENTREPRENEUR ou nature des articles confectionnés par les détenus.	NOMBRE de JOURNÉES ou d'articles.	PRIX D'UNITÉ des journées ou des articles.	DÉCOMPTE par nature de journées ou d'articles.
I. — TRAVAIL A LA JOURNÉE.			
Journées de chef d'atelier..........................			
Journées de sous-chef d'atelier......................			
Journées de détenu employé aux écritures.........			
Journées de détenu ouvrier travaillant à la journée.			
Journées de détenu apprenti. 1re catégorie......			
Journées de détenu apprenti. 2e catégorie......			
II. — TRAVAIL AUX PIÈCES.			
Article A du marché..............................			
Article B du marché..............................			
TOTAL des compléments du rendement effectif au rendement minimum..................			
Indemnités de chômage d'ouvrier...............			
Indemnités de chômage d'apprenti...............			
	TOTAL...............		

CERTIFIÉ véritable le présent état dressé en conformité des inscriptions portées au Carnet de travail et arrêté à la somme de

VU et VÉRIFIÉ,
Le Sous-Intendant militaire,

A , le 19 .
(2)

La somme de montant du présent état a été versée au Trésor le suivant récépissé n° délivré par

A , le 19 .
Le Sous-Intendant militaire,

(1) Désignation de l'établissement.
(2) *Le Conseil d'administration, le Commandant* ou *l'Agent principal de la prison.*

° CORPS D'ARMÉE

—

PLACE d

—

° TRIMESTRE 19

—

N° d'inscription au registre-journal des recettes et dépenses au titre des salaires des détenus.

JUSTICE MILITAIRE.

(1)

MODÈLE N° 32.

—

Art. 185 de l'Instruction du 10 décembre 1900.

FORMAT :

Hauteur......... 0m,32

Largeur......... 0m,21

(1) Désignation de l'établissement.

(2) Les membres du Conseil d'administration ou l'agent principal.

FEUILLE DE SALAIRES des détenus travailleurs afférente à la quinzaine d 19 .

NOMS DES ENTREPRENEURS de main-d'œuvre pénitentiaire.	OBJET DES MARCHÉS	DATE D'APPROBATION des marchés	EMPLACEMENT des DÉTACHEMENTS.	PRODUIT BRUT des marchés pendant la quinzaine	SOMMES REVENANT au fonds commun des salaires.
			TOTAUX.......		

CERTIFIÉ véritable le présent état dressé en conformité des inscriptions portées au carnet de travail et des dispositions de l'article 185 de l'instruction du 10 décembre 1900 sur les établissements pénitentiaires, et arrêté à la somme de

A , le 19 .

(2)

ARRÊTÉ le présent état à la somme de laquelle a été ordonnancée ce jour en un mandat n° .

A , le 19 .

Le Sous-Intendant militaire,

e CORPS D'ARMÉE

—

PLACE d

—

N° d'inscription au registre-journal des recettes et des dépenses au titre des fonds particuliers.

JUSTICE MILITAIRE.

(1)

PRÉVENUS, PASSAGERS ET DISCIPLINAIRES.

MODÈLE N° 33

—

Art. 183 de l'Instruction du 10 décembre 1900.

FORMAT :

Hauteur......... 0m,32
Largeur......... 0m,21

FEUILLE de travail de la quinzaine d 19 .

Numéros d'écrou.	NOMS des DÉTENUS.	Nature du travail ou nature des pièces ouvrées.	Nombre de journées ou de pièces ouvrées.	Prix des journées ou des pièces.	Décompte des journées ou du travail aux pièces.	Total.	OBSERVATIONS.
							Récapituler sous une accolade les diverses inscriptions concernant le même détenu, s'il y a eu confection aux pièces de différents articles.
	TOTAL des sommes acquises aux prévenus ou disciplinaires.........................						

CERTIFIÉ l'exécution des travaux portés sur la présente feuille dressée d'après les inscriptions du carnet de travail et s'élevant à la somme de

A , le 19 .

(2)

PREUVE DU PAIEMENT.

La somme de , montant de la présente feuille, a été versée par l'entrepreneur entre les mains de l'agent principal, pour être répartie entre les comptes courants des prévenus, passagers et disciplinaires intéressés, et a été inscrite au registre-journal des recettes et dépenses sous le n° .

A , le 19 .

(2)

(1) Désignation de l'établissement.
(2) Le Commandant de la prison ou l'Agent principal.

(1)

MODÈLE N° 34.

Art. 185 de l'Instruction du 10 décembre 1900.

FORMAT :
Hauteur......... $0^m,32$
Largeur......... $0^m,21$

(1) Désignation de l'établissement.

QUINZAINE DE 19 .

ÉTAT de répartition des salaires.

NOMS des CONDAMNÉS.	NUMÉROS D'ÉCROU.	SALAIRES ATTRIBUÉS SUR LE FONDS commun journalier.														TOTAL par DÉTENU.
TOTAUX..........																

ARRÊTÉ la répartition individuelle du fonds commun journalier de salaires conformément aux indications du présent état.

Le Commandant de l'établissement, *L'Agent principal ou chef de détachement.*

L'Entrepreneur,

Inscrire les dates dans les en-têtes des colonnes.

NOTA : Le total de la dernière colonne doit être égal au total des nombres inscrits pour les condamnés dans la colonne « salaires » du carnet de travail pour la date correspondante.

Chaque colonne est parafée journellement par l'entrepreneur et l'agent principal; l'état est arrêté définitivement par eux en fin de quinzaine.

e CORPS D'ARMEE.

PLACE d

N° d'inscription au registre-journal des recettes et dépenses.

(1) Désignation de l'établissement.

(2) Les membres du conseil d'administration ou le commandant ou l'agent principal.

JUSTICE MILITAIRE.

(1)

EXERCICE .

CHAPITRE . ART. . § .

MODÈLE N° 35.

Art. 187 de l'Instruction du 10 décembre 1900.

FORMAT :

Hauteur......... 0m,32

Largeur......... 0m,21

ÉTAT des salaires accordés aux détenus employés au service intérieur de l'établissement pendant la quinzaine de 19 .

N° D'ÉCROU.	NOMS.	EMPLOIS occupés.	JOURNÉES d'occupation.	SALAIRES journaliers.	TOTAL.	MUTATIONS et OBSERVATIONS.
				TOTAUX.........		

CERTIFIÉ le présent état s'élevant à la somme de , qui a été répartie entre les comptes courants des divers intéressés.

(2) L'

VU :

Le Sous-Intendant militaire,

NOTA. — Il est établi un état spécial pour les tailleurs et les cordonniers dans les ateliers et pénitenciers. Cet état reste comme pièce justificative de la dépense au titre de la masse d'habillement.

CORPS D'ARMÉE
ou
GOUVERNEMENT MILITAIRE
ou
DIVISION DE

MODÈLE N° 35 *bis*.

Art. 188 de l'Instruction du 10 décembre 1900.

LIQUIDATION DU PRODUIT DU TRAVAIL DES DÉTENUS.

ANNÉE 19 , e TRIMESTRE.

ÉTAT faisant ressortir les droits constatés du Trésor, ainsi que les versements effectués par les entrepreneurs.

	DÉTACHEMENT DE							
	M. X..., entrepreneur.		M. Y..., entrepreneur					
	Droits constatés d'après les feuilles de travail.	Versements correspondants dans les caisses du Trésor.						
Mois de { 1re quinzaine...								
2e quinzaine...								
Mois de { 1re quinzaine...								
2e quinzaine...								
Mois de { 1re quinzaine...								
2e quinzaine...								
TOTAUX pour le trimestre.								
Différence { en plus, à porter au crédit de l'entrepreneur.								
en moins, à verser au Trésor.								

En conséquence, on propose de liquider ainsi qu'il suit le produit du travail :

1° En ce qui concerne M. X..., entrepreneur, à la somme de

2° En ce qui concerne M. Y..., entrepreneur, à la somme de

A , le 19 .

Le Directeur de l'Intendance,

MINISTÈRE
DE LA GUERRE

DIRECTION
DU CONTENTIEUX
et de la
JUSTICE MILITAIRE.

BUREAU
de la
JUSTICE MILITAIRE.

NOTIFICATION

DE LA DÉCISION MINISTÉRIELLE.

A la date du
le Ministre a approuvé les propositions d'autre part, sous les réserves ci-après :

Cette décision sera notifiée a entrepreneur intéressé.

Paris, le 19 .

° TRIMESTRE 19 .

MODÈLE N° 36.

Article 212 de l'Instruction du 10 décembre 1900.

FORMAT :
Hauteur 0m,450
Largeur..... 0m,280

PRISON MILITAIRE

d

(*ou* PÉNITENCIER MILITAIRE

d etc.).

COMPTE

DES

FONDS PARTICULIERS DES DÉTENUS

Le compte des fonds particuliers des detenus est tenu par trimestre et fait ressortir l'avoir de chaque détenu, tant au fonds particulier proprement dit qu'au pécule, ainsi que les sommes réservées pour l'acquittement des amendes et frais de justice non encore payés.

Les détenus envoyés dans un corps de troupes ou un établissement pénitentiaire au cours d'un trimestre et dont le fonds particulier se solde par un avoir ou un débet à la clôture de ce trimestre, figurent sur le compte du trimestre suivant jusqu'au jour où l'avoir ou le débet a disparu.

Les comptes des fonds particuliers, groupés par année, sont conservés pendant trente ans par l'établissement.

NUMÉROS D'ÉCROU.	NOMS et PRÉNOMS.	POUR MÉMOIRE. — Frais de justice restant à acquitter au premier jour du trimestre.	AVOIR AU PREMIER JOUR DU TRIMESTRE ou au moment de l'écrou.				RECETTES.																				
								SALAIRES PAR QUINZAINE d'après les états de répartition modèle													VERSEMENTS VOLONTAIRES, fonds de poste, dons, etc.						
								n° 34 (travaux au compte de divers).						n° 35 (travaux du service intérieur).													
								Mois d		Mois d		Mois d		Mois d		Mois d		Mois d									
			Fonds particulier proprement dit.	Pécule.	Sommes en réserve pour l'acquittement des frais de justice.	TOTAUX.	ARGENT saisi au moment de l'écrou.	1re quinzaine.	2e quinzaine.	1re quinzaine.	2e quinzaine.	1re quinzaine.	2e quinzaine.	1re quinzaine.	2e quinzaine.	1re quinzaine.	2e quinzaine.	1re quinzaine.	2e quinzaine.	TOTAUX des salaires du trimestre (col. 9 à 20).	Mois d	Mois d	Mois d	TOTAUX.	DÉBETS remboursés ou fonds de masses reçus.		TOTAL de l'avoir et des recettes du trimestre (col. 7, 8, 21, 25, 26 et 27).
1	2	3	4	5	6	7	8	9	10	11	12	13	14	15	16	17	18	19	20	21	22	23	24	25	26	27	28
		fr. c.	fr. c.	fr. c.	fr. c.	fr. c.	fr. c.	fr. c.	fr. c.	fr. c.	fr. c.	fr. c.	fr. c.	fr. c.	fr. c.	fr. c.	fr. c.	fr. c.	fr. c.	fr. c.	fr. c.	fr. c.	fr. c.	fr. c.	fr. c.	fr. c.	fr. c.
500	*LATUDE* (*Pierre*).	48 50	»	»	»	»	20 »	»	»	»	»	»	»	»	»	1 80	1 80	1 80	1 80	7 20	5 »	2	1 »	8 »	12 40	»	47 60
501	*ROLLAT* (*Alexis*)..	48 50	35 86	» 72	» 72	37 30	»	2 40	2 40	2 40	2 40	2 40	»	»	»	»	»	»	»	12 »	»	5 »	»	5 »	»	»	54 30
502	*CRAPET* (*Anatole*)	47 »	»	1 92	» 42	2 34	»	1 20	1 20	» 20	»	»	»	»	»	»	»	»	»	2 60	10 »	»	»	10 »	»	»	14 94
	TOTAUX.......	144 »	35 86	2 64	1 14	39 64	20 »	3 60	3 60	2 60	2 40	2 40	»	»	»	1 80	1 80	1 80	1 80	21 80	15 »	7 »	1 »	23 »	12 40	»	116 84

ARRÊTÉ ET CERTIFIÉ le présent compte duquel il résulte que la situation des fonds particuliers des détenus, à l'expiration du   e trimestre 19   , présente un avoir de vingt

VU ET VÉRIFIÉ :

Le Sous-Intendant militaire.

DÉBET au premier jour du trimestre (fonds particulier proprement dits).	DÉPENSES.															TOTAL du débet et des dépenses du trimestre (col. 29 à 32 et 39 à 43).	SITUATION AU DERNIER JOUR DU TRIMESTRE.						OBSERVATIONS et MUTATIONS.
	IMPUTATIONS pour dégradations ou pour toute autre cause	DÉBETS remboursés	PRÉLÈVEMENTS divers autorisés.	CANTINE							VERSEMENT au Trésor pour l'acquittement des frais de justice.	FONDS des détenus libérés envoyés ou remis.					COMPTE GÉNÉRAL.		COMPTES SPÉCIAUX du livret de détention.				
				Mois d		Mois d		Mois d		TOTAUX (col. 33 à 38).		Fonds particuliers proprement dits	Pécule.				Avoir (1).	Débet. (1).	Fonds particulier proprement dit		Pécule. Avoir (2).	Frais de justice. Sommes réservées et non encore versées (3).	
				1re quinzaine.	2e quinzaine.	1re quinzaine.	2e quinzaine.	1re quinzaine.	2e quinzaine.										Avoir.	Déficit.			
29	30	31	32	33	34	35	36	37	38	39	40	41	42	43	44	45	46	47	48	49	50	51
fr. c.	fr. c.	fr. c.	fr. c.	fr. c.	fr. c.	fr. c.	fr. c.	fr. c.	fr. c.	fr. c.	fr. c.	fr. c.	fr. c.	fr. c.	fr. c.	fr. c.	fr. c.	fr. c.	fr. c.	fr. c.	fr. c.	
»	»	»	6 »	»	»	1 20	» 80	1 10	1 20	4 30	»	»	»	»	10 30	37 30	»	35 86	»	» 72	» 72	
»	60 »	»	»	» 75	1 15	» 80	» 60	» 60	»	3 90	1 50	»	»	»	65 40	»	11 10	»	13 44	1 92	» 42	
13 44	»	»	»	»	»	»	»	»	»	»	» 68	»	» 82	»	14 94	»	»	»	»	(4)	»	
13 44	60 »	»	6 »	» 75	1 15	2 »	1 40	1 70	1 20	8 20	2 18	»	» 82	»	90 64	37 30	11 10	35 86	13 44	2 64	1 14	
																26 20	»	»	»			

Les trois exemples donnés reproduisent le même compte (pour trois trimestres successifs), en envisageant :

1° L'écrou dans le courant du trimestre et l'emploi au service intérieur ;

2° L'emploi par l'entrepreneur et la liquidation d'effets dans le cours du trimestre ;

3° L'envoi dans un autre établissement, au cours du trimestre.

(1) Différence entre les chiffres des colonnes 25 et 11.

(2) Le chiffre de cette colonne doit représenter le montant du pécule au premier jour du trimestre (col. 8) augmenté du 1/10 du montant des salaires de la colonne 21 et diminué des sommes remises aux détenus libérés ou retenues pour dettes.

(3) De même, s'il y a lieu, le chiffre de la colonne 50 doit être égal au montant de la colonne 6 augmenté de 1/10 des salaires de la colonne 21 et diminué, le cas échéant, du montant des versements (col. 40).

(4) L'avoir au fonds particulier proprement dit étant, au moment de la sortie, insuffisant pour couvrir le débet constaté, un prélèvement de 1 fr. 36 a été opéré sur le montant du pécule.

Cette opération, pour ordre, figure seulement au compte particulier du livret individuel.

…t-six francs vingt centimes.

A , le 19 .

Les Membres du Conseil d'administration (ou l'Agent principal),

Trimestre 19 .

Mois d

N° d'inscription au registre des recettes et dépenses.

(1)

Modèle n° 36 *bis*.

Art. 200 de l'Instruction du 10 décembre 1900.

Format :

Hauteur 0m,32
Largeur 0m,21

(1) Désignation de l'établissement.
(2) Les membres du conseil d'administration ou le commandant de la prison ou l'agent principal.

ÉTAT des versements faits aux fonds particuliers et provenant de sommes retirées aux prévenus, dons manuels, etc.

NUMÉROS D'ÉCROU.	NOMS.	MONTANT du VERSEMENT.	ORIGINE des FONDS.
	TOTAL........		

Certifié par nous (membres du conseil d'administration ou agent principal) le présent état de versement à la somme de

A 19 .

(2)

Vu :

Le Sous-Intendant militaire,

ᵉ TRIMESTRE 19

N° d'inscription au registre-journal des recettes et dépenses.

(1) Les membres du conseil d'administration ou l'officier commandant la prison ou l'agent principal.
(2) Désignation de l'établissement.

(2)

MODÈLE n° 37.

Art. 203 et 231 de l'Instruction du 10 décembre 1900.

FORMAT :
Hauteur......... 0m,32
Largeur......... 0m,21

BULLETIN d'imputation sur le compte des fonds particuliers de la valeur des dégradations de casernement ou de la valeur des détériorations de matériel commises volontairement.

Numéros d'écrou.	NOMS.	INDICATION SOMMAIRE de la cause des débets.	Numéros au registre des fonds divers.	DATES de la décision ministérielle de débet.	MONTANT du DÉBET.	MONTANT des VERSEMENTS pour atténuation ou extinction de débets.	OBSERVATIONS.
		TOTAUX.......					

Certifié le présent bulletin s'élevant à la somme de pour servir à la justification des imputations faites aux fonds particuliers des détenus.

A , le 19 .

(1)

VU :

Le Sous-Intendant militaire,

Cet état est dressé en double expédition ; l'une sert de pièce justificative de la recette effectuée par la masse d'habillement et l'autre de pièce justificative de la dépense au compte des fonds particuliers.

° TRIMESTRE 19 .

N° d'inscription au registre-journal des recettes et dépenses.

JUSTICE MILITAIRE.

(1)

MODÈLE N° 38.

Art. 205 de l'Instruction du 10 décembre 1900.

FORMAT :
Hauteur........ 0m,32.
Largeur........ 0m,21.

(1) Désigner l'établissement.
(2) Les membres du conseil d'administration, le commandant ou l'agent principal.

***BORDEREAU** des sommes à verser au **Trésor** pour l'acquittement total ou partiel des frais de justice provenant :*

1° ***Du dixième des salaires;***
2° ***De versements volontaires au moyen de l'avoir des fonds particuliers;***
3° ***De l'avoir disponible aux fonds particuliers au moment de la radiation des contrôles.***

N° d'écrou.	NOMS et PRÉNOMS des détenus.	Sommes à verser à la date de ce jour pour atténuation ou extinction des frais de justice.	TOTAL des sommes antérieurement versées par chacun des intéressés	TOTAL des versements y compris celui effectué à la date de ce jour.	TOTAL des frais de justice et amendes dus par chacun des intéressés	Sommes restant à payer.	Date du jugement.	Désignation du conseil de guerre ou du tribunal civil qui a prononcé la condamnation.	Domicile ou corps d'affectation des détenus libérés.
	TOTAL....								

CERTIFIÉ le présent état s'élevant à la somme de dont il est justifié par les récépissés ci-joints.

A , le 19 .

(2)

VU :

Le Sous-Intendant militaire,

Le soussigné déclare avoir délivré quittances portant les n^os au nom des détenus portés au présent état et s'élevant ensemble à la somme de

A , le 19 .

(Signature de l'agent des finances.)

NOTA. — En cas de plusieurs condamnations, le versement s'applique à une condamnation déterminée. Si le versement est assez important pour solder entièrement les frais d'une condamnation et laisser un excédent applicable à une seconde condamnation, il est fait deux inscriptions. Il ne sera pas tenu compte des autres condamnations.

Les récépissés sont inclus dans le présent bordereau, qui est conservé par l'établissement comme pièce de dépense; une autre expédition sera laissée entre les mains de l'agent des finances.

Le cadre pourra être continué sur les pages 2, 3, 4, avec report des totaux des pages. Dans ce cas, les certifications et déclarations figurent sur la quatrième page.

e CORPS D'ARMÉE

—

PLACE d

—

ANNÉE 19 .

(1) Désignation de l'établissement.

JUSTICE MILITAIRE.

(1)

MODÈLE N° 38 *bis*.

—

Art. 205 de l'Instruction du 10 décembre 1900.

FORMAT :

Hauteur......... 0m,32
Largeur......... 0m,21

COMPTE RENDU annuel du recouvrement des frais de justice.

1° TOTAL des frais de justice dus par les détenus présents au 1er janvier 19		
2° TOTAL des frais de justice dus par les détenus écroués dans le cours de l'année..............................		
ENSEMBLE..............		ci..
A déduire :		
1° TOTAL des retenues du dixième sur le montant des salaires pendant l'année, d'après les feuilles de quinzaine.		
2° TOTAL des versements volontaires....................		
3° TOTAL des sommes arrêtées au moment de la radiation des contrôles..		
ENSEMBLE..............		ci..
MONTANT des frais de justice non payés...............		

POUR MÉMOIRE :

Nombre d'hommes libérés ayant payé leurs frais de justice......
Nombre d'hommes libérés ayant acquitté partiellement leurs frais de justice...
Nombre d'hommes libérés n'ayant effectué aucun payement......

CERTIFIÉ le présent état établi en conformité des indications des feuilles de travail et des bordereaux de versement des frais de justice.

A , le 19 .

(2)

(2) Le conseil d'administration, le commandant de la prison ou l'agent principal.

° TRIMESTRE 19 .

N° d'inscription au registre-journal des recettes et dépenses.

(1) Désigner l'établissement.
(2) Acquittement de dette ou achat d'objets, dont l'introduction est autorisée, ou envoi de fonds à leur famille.
(3) Le Conseil d'administration, le commandant ou l'agent principal de la prison.

(1)

MODÈLE N° 39.

Art. 202 de l'Instruction du 10 décembre 1900.

FORMAT :
Hauteur.......... 0m,32
Largeur.......... 0m,21

ETAT des sommes payées sur l'avoir disponible des fonds particuliers des détenus ci-dessous dénommés pour (2) *, conformément à l'article 202 du règlement.*

N° d'écrou.	NOMS et PRÉNOMS.	DATE de l'autorisation donnée par (3).	MONTANT en ARGENT.	Émargement du détenu pour demande d'exécution du paiement.	Émargement du créancier pour acquit d....... ou déclaration signée du détenu constatant la remise à lui faite d'un mandat postal d.......

CERTIFIÉ le présent état s'élevant à la somme de .

A , le 19 .

VU :

L

Le Sous-Intendant militaire,

TRIMESTRE 19 .

—

N° d'inscription au registre-journal des recettes et dépenses.

(1)

MODÈLE 40.

—

Art. 206 de l'Instruction du 10 décembre 1900.

(1) Désigner l'établissement.
(2) Nom, prénoms du détenu.
(3) Passé au corps ou établissement pénitentiaire.

FORMAT :
Hauteur......... 0m,32
Largeur......... 0m,21

BULLETIN de situation des fonds particuliers du nommé (2)
détenu rayé des contrôles et (3)

N° d'écrou	DATES DES DÉCISIONS des DÉBETS NON RECOUVRÉS.	DATE DE LA RADIATION des CONTRÔLES.	SITUATION DU COMPTE des fonds particuliers.		OBSERVATIONS.
			AVOIR.	DÉBET.	
		TOTAUX.....			

Certifié le présent bulletin constatant que le nommé était possesseur, au moment de sa radiation des contrôles, d'un avoir disponible s'élevant à qui a été envoyé à , le , par mandat du Trésor n° en date du , et a été inscrit en dépense au registre-journal des recettes et dépenses sous le n°

A , le 19 .

VU :
Le Sous-Intendant militaire,

Avis de réception des fonds par les corps ou établissements

Le certifie avoir reçu la somme de qui a été inscrite en recette au registre-journal sous le n°

A , le 19 .

NOTA. — Ce bulletin est adressé en double expédition au corps ou à l'établissement destinataire en cas d'avoir disponible aux fonds particuliers. Celui-ci en retourne une expédition à l'établissement expéditeur des fonds, après avoir rempli la formule d'avis de réception.

e TRIMESTRE 19 .

N° d'inscription au registre-journal des recettes et dépenses.

(1) Désigner l'établissement.
(2) Le Conseil d'administration ou l'agent principal.

(1)

MODÈLE N° 41.

Art. 206 de l'Instruction du 10 décembre 1900.

FORMAT :
Hauteur......... 0m,32
Largeur......... 0m,21

ÉTAT des sommes payées aux détenus sur leurs fonds particuliers, à leur sortie de l'établissement ou expédiés par mandats postaux aux intéressés dans le lieu de leur résidence.

N° D'ÉCROU.	NOMS et PRÉNOMS.	SOMMES expédiées par mandats postaux.	SOMMES payées en deniers.	ÉMARGEMENT DES INTÉRESSÉS pour acquit des sommes payées directement en deniers.	NUMÉROS DES MANDATS.	DATES DES MANDATS.	BUREAU de poste d'émission des mandats.	ÉMARGEMENT des intéressés pour avis d'expédition d'un mandat dans le lieu de leur résidence.
1	2	3	4	5	6	7	8	9
	TOTAUX...							

Certifié le présent état s'élevant à la somme de se décomposant comme il suit :

Sommes payées en espèces aux détenus libérés rentrant dans leurs foyers...

Sommes envoyées par mandat-poste aux détenus libérés dans le lieu de leur résidence..

Frais de poste dudit envoi..

TOTAL.......

A , le 19 .

(2)

VU :

Le Sous-Intendant militaire,

NOTA. — Les colonnes 3 et 4, 6, 7, 8 devront être remplies lorsque cet état sera présenté à la signature des hommes libérés. Il leur sera donné avis de la destination donnée au reliquat de fonds qu'ils ne devraient pas toucher par application des articles 203 et 205.

° TRIMESTRE 19 .

N° d'inscription au registre-journal des recettes et dépenses.

(1)

MODÈLE N° 42.

Art. 206 de l'Instruction du 10 décembre 1900.

FORMAT :

Hauteur......... 0m,32
Largeur......... 0m,21

ÉTAT des sommes provenant de l'avoir disponible des détenus condamnés à la détention, à la réclusion ou aux travaux forcés, versées à la caisse nationale d'épargne.

N° D'ÉCROU.	NOMS et PRÉNOMS.	SOMMES versées.	N°s des livrets.	DATES D'ÉMISSION du livret.	LIEU D'ÉMISSION du livret.	DATE de L'ENVOI du livret au Ministre.	

CERTIFIÉ le présent état s'élevant à la somme de

A , le 19 .

(2)

VU :

Le Sous Intendant militaire,

(1) Désigner l'établissement.
(2) *Les Membres du conseil d'administration, le Commandant de la prison, ou l'Agent principal.*

e TRIMESTRE 19

N° d'inscription au registre-journal des recettes et dépenses.

(1)

MODÈLE N° 43.

Art. 206 de l'Instruction du 10 décembre 1900.

FORMAT :

Hauteur......... $0^m,31$
Largeur......... $0^m,22$

ÉTAT des sommes provenant de l'avoir disponible des détenus décédés, évadés, versées à la caisse des dépôts et consignation.

N° D'ÉCROU.	NOMS et PRÉNOMS.	SOMMES VERSÉES.	N° des RÉCÉPISSÉS.	DATE des VERSEMENTS.	LIEU des VERSEMENTS.	MOTIF des VERSEMENTS.
	TOTAL......					

CERTIFIÉ le présent état s'élevant à la somme de

A , le 19 .

(2)

VU :

Le Sous Intendant militaire.

(1) Désigner l'établissement.
(2) *Les Membres du conseil d'administration, le Commandant de la prison,* ou *L'Agent principal.*

GOUVERNEMENT MILITAIRE
ou
CORPS D'ARMÉE.
—
PLACE D
—
• TRIMESTRE.

Déposé aujourd'hui et inscrit immédiatement sous le n° au registre spécial des pièces de comptabilité.

A , le 19 .

Le Sous-Intendant militaire,

PRISON MILITAIRE

D

EXERCICE 19 .

CHAPITRE , ARTICLE , § .

MODÈLE N° 44
—
Article 1er du décret du 5 juillet 1909,

Format :
Hauteur...... 0,32
Largeur...... 0,22

ÉTAT pour servir au payement de l'indemnité de fonctions à l'agent principal pour le mois de

NOM de LA PARTIE PRENANTE	DÉTAIL du PRODUIT DU TRAVAIL pendant le mois d'après les feuilles de quinzaine.	ALLOCATION d'après LE PRODUIT du travail (5 p. 100).	ALLOCATION FIXE.	PRIME ACQUISE à l'ayant droit (col. 3 et 4).	OBSERVATIONS.
1	2	3	4	5	6
TOTAL des primes.........					

CERTIFIÉ le présent état s'élevant à la somme de et établi en conformité des feuilles de travail des condamnés afférentes au mois de

A , le , 19 .

L'Agent principal,

VÉRIFIÉ et ARRÊTÉ le présent état s'élevant à la somme de laquelle a été ordonnancée ce jour, suivant mandat n°

A , le 19 .

Le Sous-Intendant militaire,

NOTA. — Le maximum annuel étant de 720 francs, l'état du mois de décembre devra rappeler dans la colonne 6 les primes perçues pour les onze premiers mois.

TRIMESTRE 19 ,

—

N° d'inscription au registre-journal des recettes et dépenses.

(1)

MODÈLE N° 45.

—

Art. 17, 22 et 32 de l'Instruction du 10 décembre 1900.

FORMAT :

Hauteur......... 0m,32
Largeur......... 0m,21

ÉTAT pour servir au paiement de l'allocation attribuée au (2)

NUMÉROS MATRICULES.	NOMS.	GRADES.	NOMBRE de JOURNÉES ou de séances.	INDEMNITÉ ALLOUÉE pour chaque journée ou séance.	TOTAL.	ÉMARGEMENT.

ARRÊTÉ par nous (3) soussigné, le présent état, à la somme de , qui a été payée à l'intéressé.

VU :

Le Sous-Intendant militaire,

(1) Désigner l'établissement.
(2) A l'adjudant vaguemestre pendant le e trimestre 19 ou au moniteur général de l'École pendant le trimestre 19 , au militaire de la garnison ayant fait l'office de perruquier, etc.
(3) Membres du Conseil d'administration ou agent principal.

• Trimestre 19 .

(1) Désigner l'établissement.
(2) Nom et prénoms du détenu.
(3) Passé au
(4) Les membres du conseil d'administration du ou l'agent principal de la prison de

(1)

Modèle n° 46.

Art. 203 et 231 de l'Instruction du 10 décembre 1900.

Format :
Hauteur.......... 0,32
Largeur.......... 0,21

BULLETIN de débet du nommé (2)
détenu rayé des contrôles et (3) .

Numéros d'écrou.	Dates des décisions ministérielles de débets non recouvrés.	Date de la radiation des contrôles.	Situation de la masse.		Observations.
			Avoir.	Débet.	
		Totaux........			

Certifié le présent bulletin constatant que le nommé
était débiteur envers l' , au moment de sa radiation des contrôles, d'une somme de
A , le 19 .

(4)

Vu :
Le Sous-Intendant militaire,

Avis d'envoi du montant du débet.

Le (4) a expédié ce jour à la somme de laquelle a été portée en dépense sous le numéro du registre-journal des recettes et dépenses (1)
A , le 19 .

(4)

Preuve de la recette.

Le certifie avoir reçu la somme de qui a été inscrite au registre-journal des recettes et dépenses de (1)
sous le n°
A , le 19 .

Nota. — Ce bulletin est adressé en double expédition au corps ou à l'établissement destinataire, en cas de débet d'un homme faisant mutation. Celui-ci, après avoir rempli la formule d'envoi des fonds, retourne les deux expéditions avec un mandat sur le Trésor. L'établissement qui opère la recette retourne au corps ou à l'établissement expéditeur des fonds une des expéditions complétée par la mention de la recette et du versement au Trésor.

FORMAT :
Hauteur......... 0m,45
Largeur......... 0m,28

(1) Désigner l'établissement.

MODÈLE N° 47.

Art. 234 de l'Instruction du 10 décembre 1900.

(1)

REGISTRE

de centralisation des recettes et des dépenses.

EXERCICE 19 , 19 , 19 , 19 .

Le présent registre, contenant feuillets, a été coté et paraphé par nous, Sous-Intendant militaire, pour servir à l'inscription sommaire et à la classification par trimestre d'exercice de toutes les recettes et dépenses qui seront faites au titre de , à compter du e trimestre 19 .

A , le 19 .

NOTA. — Le registre de centralisation (modèle n° 47) est tenu comme celui des corps de troupes avec les principales rubriques ci-après :

Solde et accessoires de solde.

Masses............. { d'habillement; d'ordinaire; de couchage et d'ameublement.

Fonds spéciaux..... { Légion d'honneur; Frais de déplacement; Fonds particuliers des détenus; Fonds divers.

Modèle N° 48.

Art. 234 de l'Instruction du 10 déc. 1900.

Format :
Hauteur.......... 0,37
Largeur.......... 0,25

(1) Désignation de l'établissement.

(1)

REGISTRE DES FONDS DIVERS.

Le présent registre, contenant feuillets, a été coté et paraphé par nous, Sous-Intendant militaire.

A , le 19 .

SOMMAIRE.

CHAPITRE Ier. Avances au personnel ou aux fonds particuliers des détenus en cas de débet au moment de la libération.
— II. Pertes, déficits de fonds, imputations diverses au personnel.
— III. Avances remboursables sur relevés.
— IV. Cautionnements divers.

Nota. — Le registre des fonds divers est récapitulé et arrêté trimestriellement comme le registre correspondant des corps de troupes.

CHAPITRE Ier.

Avances au personnel et aux fonds particuliers des détenus en cas de debet au moment de la libération.

NUMÉROS des articles au registre-journal.	INDICATION sommaire des OPÉRATIONS.	COMPTE GÉNÉRAL.		COMPTES PARTICULIERS.															
				M.		M.		M.		M.		M.		M.		M.		M.	
				SOMMES		SOMMES		SOMMES		SOMMES		SOMMES		SOMMES		SOMMES		SOMMES.	
		Recettes.	Dépenses.	avancées.	retenues.	avancées.	retenues.	avancées.	retenues.	avancées.	retenues.	avancées.	retenues.	avancées.	retenues.	avancées.	retenues.	avancées.	retenues.
	A REPORTER...																		

CHAPITRE II.

Pertes, déficits de fonds, imputations diverses au personnel.

MOTIFS SOMMAIRES des IMPUTATIONS.	DATES des DÉCISIONS arrêtant la répartition des imputations.	MONTANT de CHAQUE imputation.	NOM ET GRADE DE CHACUN des officiers débiteurs				
			M.	M.	M.	M.	M.

NUMÉROS des ARTICLES au journal.	INDICATION sommaire des OPÉRATIONS.	COMPTE général.		COMPTES PARTICULIERS.											
				M.		M.		M.		M.		M.		M.	
				SOMMES		SOMMES		SOMMES		SOMMES		SOMMES		SOMMES	
		Recettes.	Dépenses.	à retenir.	retenues.	à retenir.	retenues.	à retenir.	retenues.	à retenir.	retenues.	à retenir.	retenues.	à retenir.	retenues.

CHAPITRE III.

Avances remboursables sur relevés.

NUMÉROS des articles au registre-journal.	INDICATION sommaire des opérations.	COMPTE général.		COMPTES PARTICULIERS.								COMPTE des fonds particuliers.	
				Sommes		Sommes		Sommes		Sommes		Sommes	
		Recettes.	Dépenses.	avancées.	remboursées.	avancées.	remboursées.	avancées.	remboursées.	avancées.	remboursées.	avancées.	remboursées.
	TOTAUX....												

CHAPITRE IV.

Cautionnements divers.

NUMÉROS des articles au registre-journal.	INDICATION des opérations.	COMPTE général.		COMPTES PARTICULIERS.											
				M.		M.		M.		M.		M.		M.	
				Sommes		Sommes		Sommes		Sommes		Sommes		Sommes	
		Recettes.	Dépenses.	versées.	remboursées.	versées.	remboursées.	versées.	remboursées.	versées.	remboursées.	versées.	remboursées.	versées.	remboursées.

Modèle n° 48 *bis*.

Art. 205 de l'instruction du 10 décembre 1900.

Format :
Hauteur.... 0m,45
Largeur.... 0m,28

(1)

(1) Désignation de l'établissement.

REGISTRE

DES

FRAIS DE JUSTICE,

Le présent registre, contenant feuillets, a été coté et paraphé par nous, Sous-Intendant militaire.

A , le 19 .

Nota. — Le registre des frais de justice est conservé pendant cinquante ans. Le compte de chaque détenu est arrêté au moment de la sortie et le résultat de la balance est porté au livret de détention.

FRAIS DE JUSTICE DES CONDAMNÉS.

NUMÉRO d'écrou.	NOMS ET PRÉNOMS DES DÉTENUS.	DATES DES JUGEMENTS.	CONSEILS DE GUERRE.	MONTANT DES FRAIS de justice à recouvrer, y compris le timbre de 0 fr. 25 du récépissé de versement.	COMPTE DES VERSEMENTS. DATE de l'opération.	NUMÉRO d'inscription au registre-journal.	CAISSES où les versements ont eu lieu.	MONTANT des versements.	OBSERVATIONS. (Dans cette colonne doit se faire la balance au moment où le détenu quitte l'établissement.) Rappel des frais de justice. Sommes versées........ Somme restant à acquitter au moment de la sortie de l'établissement......
1	2	3	4	5	6	7	8	9	10

(1) Désignation de l'établissement.
(2) Désignation du détachement.

(1)

(2)

MODÈLE N° 49.

FORMAT :

Hauteur......... 0m,21
Largeur......... 0m,32

SITUATION ADMINISTRATIVE NUMÉRIQUE DE DIZAINE

du détachement d présentant journellement l'effectif des hommes présents pendant la période du au , ainsi que les mutations qui ont modifié journellement l'effectif de la précédente décade.

DATES.	JOURNÉES DONNANT DROIT A DES PRIMES JOURNALIÈRES ET AUX ALLOCATIONS DE PAIN.										Nombres de journées de présence des hommes des troupes coloniales.		Nombre de journées de détenus de la marine.	OBSERVATIONS.
	Prime d'ordinaire avec ration de pain.	Demi-prime d'ordinaire avec ration de pain.	Demi-prime d'ordinaire avec demi-ration de pain.	Rations de pain exclusives d'autre nourriture.	Indemnités représentatives d'eau-de-vie.	Rations individuelles de chauffage.	Rations collectives d'éclairage.		Prime de la masse d'habillement.		appartenant aux unités stationnées en France, en Algérie et en Tunisie.	appartenant aux unités stationnées dans les colonies ou protectorats		
1	2	3	4	5	6	7	8	9	10	11	12	13	14	15
														NOTA. — Les journées de présence des hommes des troupes coloniales et de la marine sont comprises dans les nombres des colonnes 2 à 11 pour les droits réels aux prestations qu'elles ouvrent à l'établissement; elles figurent à part dans les colonnes de droite du tableau en vue de remboursement forfaitaire.
TOTAUX..														

MUTATIONS AFFECTANT L'EFFECTIF DES PRÉSENTS A LA DATE DU							MUTATIONS N'AFFECTANT PAS L'EFFECTIF DES PRÉSENTS A LA DATE DU			
				HOMMES DES TROUPES coloniales,						
NUMÉROS d'écrou.	NOMS des détenus.	DATES des mutations.	NATURE des mutations.	appartenant à des unités stationnées en France, etc.	appartenant à des unités stationnées dans les colonies. etc.	HOMME de la marine.	NUMÉROS d'écrou.	NOMS des détenus.	DATES.	NATURE des punitions.

Vu et VÉRIFIÉ la présente situation de laquelle il résulte :

A , le 19

Le (grade) chef de détachement.

1° Que le total des journées donnant droit aux allocations ci-dessous s'élève à :
primes d'ordinaire avec pain ;
demi-primes d'ordinaire avec pain ;
— avec demi-ration de pain ;
rations de pain exclusives d'autre nourriture;
indemnités journalières de distribution d'eau-de-vie ;
rations individuelles de chauffage ;
— collectives d'éclairage ;
primes de la masse d'habillement ;

2° Que le nombre de journées de présence des hommes des troupes coloniales appartenant à des unités stationnées en France, en Algérie ou en Tunisie s'élève à ; que le nombre de journées de présence des hommes des troupes coloniales appartenant à des unités stationnées dans les colonies ou protectorats s'élève à ; que le nombre de journées de présence des hommes de la marine s'élève à .

A , le 19 .

Le Sous-Intendant militaire.

Modèle n° 50.

Art. 238 de l'Instruction du 10 décembre 1900.

Format :
Hauteur : 0m,23
Largeur : 0m,37

(1)

SITUATION *administrative de dizaine*
présentant journellement l'effectif des présents pour la période du au
ainsi que les mutations qui ont modifié journellement l'effectif pendant cette période.

DATES.	TOTAL DES JOURNÉES DE PRÉSENCE.	NOMBRE DE JOURNÉES donnant droit à des primes sur les crédits affectés aux établissements pénitentiaires et aux allocations de pain.									JOURNÉES n'entraînant droit à aucune allocation.			NOMBRE DE JOURNÉES des hommes de l'armée coloniale appartenant à des unités stationnées		NOMBRE DE JOURNÉES de présence des hommes de la marine.	OBSERVATIONS.
		Prime d'ordinaire.	Supplément pour assurer la distribution de sucre et café (art. 138).	Prime de viande (variable).				Rations de pain.	Indemnité représentative de la ration hygiénique.	Prime d'habillement.	Officiers en possession de leur grade.	Sous-offi. rengagés ou commissionnés en possession de leur grade.	Militaires punis disciplinairement.	en France, en Algérie ou en Tunisie.	dans les colonies ou pays de protectorats.		
1	2	3	4	5	6	7	8	9	10	11	12	13	14	15	16	17	
																	Nota. — Les nombres de journées des hommes des troupes coloniales et de la marine sont compris dans les nombres des colonnes 2 à 11, pour les droits réels aux prestations qu'elles ouvrent à l'établissement. Elles figurent à part dans les colonnes 14, 15 et 16, en vue du remboursement forfaitaire. Celles donnant droit aux allocations sont portées à l'encre rouge dans la colonne spéciale du présent état.
Totaux à reporter à la feuille de journée																	

(1) Désigner l'établissement ou la portion détachée d'établissement.

MUTATIONS AFFECTANT L'EFFECTIF DES PRÉSENTS.								
DATES	NUMÉRO D'ÉCROU.	NOMS des détenus.	MUTATIONS.	GAINS.	PERTES.	HOMMES des troupes coloniales appartenant à des unités stationnées en France, en Algérie ou en Tunisie.	HOMMES des troupes coloniales appartenant à dans les colonies ou pays de protectorat.	HOMMES de la marine.
		TOTAUX...						
		à déduire : perte de la dizaine...						
		Reste comme effectif présent au dernier jour....						

MUTATIONS N'AFFECTANT PAS L'EFFECTIF DES PRÉSENTS			
DATES.	NUMÉRO d'écrou.	NOMS DES DÉTENUS.	MUTATIONS.

(1) Commandant de l'établissement *ou* Agent principal.

CERTIFIÉ le présent état
A , le 19 .
Le (1)

VÉRIFIÉ par nous, Sous-Intendant militaire, la présente situation de laquelle il résulte que le total des journées de présence s'élève à .

A , le 19 .

NOTA. — Si le nombre des mutations l'exige, l'état nominatif de ces mutations est annexé à la situation administrative, qui se borne alors à donner un tableau de comparaison d'effectif numérique.

Dans les prisons d'Algérie, ouvrir une colonne supplémentaire dans la première moitié du précédent tableau pour les prévenus indigènes du territoire militaire et arrêter le nombre de journées.

° CORPS D'ARMEE.

—

DÉPARTEMENT

d

—

PLACE

d

(1) Désignation de l'établissement.

JUSTICE MILITAIRE

ou

(1)

EXERCICE 19 :

(1re Section. Dépenses ordinaires.)

N° 46 *ter* de la Nomenclature générale.

—

MODÈLE N° 51.

—

Art. 241 de l'Instruction ministérielle du 10 décembre 1900

FORMAT :

Hauteur......... 0m,32
Largeur......... 0m,22

° TRIMESTRE.

CHAPITRE , ARTICLE .

FEUILLE DE JOURNÉES NUMÉRIQUE

présentant journellement les allocations en deniers, pendant le trimestre, concernant les détenus dudit établissement, ainsi que les allocations en nature attribuées aux mêmes détenus.

TABLEAU N° 1. *Allocations extraordinaires.*

1° INDEMNITÉS.

En remplacement

2° FOURNITURES EN NATURE.

TABLEAU N° 2. *Feuille de journées numérique. Droits de l'unité ou de la portion principale de l'unité.*

MOIS	JOURNÉES donnant DROIT A L'ALLOCATION						JOURNÉES DONNANT DROIT à des allocations en nature autres que le pain (1).						NOMBRE de journées de présence des hommes des troupes coloniales appartenant à des unités stationnées		NOMBRE de journées de présence des hommes de la marine.	Pour mémoire.	
ET DATES.	de 0 fr. avec le pain.	de 0 fr. avec le pain.	de 0 fr. avec la demi-ration de pain.	de la ration de pain exclusivement.		de l'indemn. hyg. d'eau-de-vie.							en France, en Algérie ou en Tunisie.	dans les colonies ou protectorats.		Masse d'habillement.	
1																	
2																	
3																	
4																	
5																	
6																	
7																	
8																	
9																	
10																	
11																	
12																	
13																	
14																	
15																	
16																	
17																	
18																	
19																	
20																	
21																	
22																	
23																	
24																	
25																	
26																	
27																	
28																	
29																	
30																	
31																	
TOTAUX du mois.																	

(1) Ces colonnes sont utilisées dans le cas où exceptionnellement les hommes sont nourris au compte du service des subsistances.

Dans les prisons militaires d'Algérie, on ouvrira à côté de la colonne affectée aux détenus de la marine une colonne affectée aux prévenus indigènes; le nombre de ces journées sera arrêté.

Tableau n° 2. *Feuille de journées numérique. Droit de l'unité ou de la portion principale de l'unité* (Suite).

MOIS ET DATES.	JOURNÉES donnant DROIT A L'ALLOCATION.						JOURNÉES DONNANT DROIT à des allocations en nature autres que le pain.						NOMBRE de journées de presence des hommes des troupes coloniales appartenant à des unités stationnées		NOMBRE de journées de présence des hommes de la marine.	Pour mémoire.	
	de 0 fr. avec le pain.	de 0 fr. avec le pain.	de 0 fr. avec la demi-ration de pain.	de la ration de pain exclusivement.		de l'indemn. hyg. d'eau-de-vie.							en France, en Algérie ou en Tunisie.	dans les colonies ou protectorats.		Masse d'habillement.	
1																	
2																	
3																	
4																	
5																	
6																	
7																	
8																	
9																	
10																	
11																	
12																	
13																	
14																	
15																	
16																	
17																	
18																	
19																	
20																	
21																	
22																	
23																	
24																	
25																	
26																	
27																	
28																	
29																	
30																	
31																	
Totaux du mois.																	

Tableau n° 2. *Feuille de journées numérique. Droits de l'unité ou de la portion principale de l'unité* (Suite).

MOIS et DATES.	JOURNÉES donnant DROIT A L'ALLOCATION						JOURNÉES DONNANT DROIT à des allocations en nature autres que le pain.						NOMBRE de journées de présence des hommes des troupes coloniales appartenant à des unités stationnées			Pour mémoire.	
	de 0 fr. avec le pain.	de 0 fr. avec le pain.	de 0 fr. avec la demi-ration de pain.	de la ration de pain exclusivement.		de l'indemn. hyg. d'eau-de-vie.							en France, en Algérie ou en Tunisie	dans les colonies ou protectorats.	Nombre de journées de présence des hommes de la marine.	Masse d'habillement.	
1																	
2																	
3																	
4																	
5																	
6																	
7																	
8																	
9																	
10																	
11																	
12																	
13																	
14																	
15																	
16																	
17																	
18																	
19																	
20																	
21																	
22																	
23																	
24																	
25																	
26																	
27																	
28																	
29																	
30																	
31																	
Totaux du mois.																	

TABLEAU N° 3. *Feuille de journées numérique. Fractions de l'unité détachées.*

DÉSIGNATION DES DÉTACHEMENTS.	DATES.	JOURNÉES donnant DROIT A L'ALLOCATION						JOURNÉES DONNANT DROIT à des allocations en nature autres que le pain.						NOMBRE DE JOURNÉES de présence des hommes des troupes coloniales appartenant à des unités stationnées		Nombre de journées de présence des hommes de la marine.	Pour mémoire.	
		de 0 fr. et au pain.	de 0 fr. et au pain.	de 0 fr. avec la demi-ration de pain.	de la ration de pain exclusivement.		de l'indemn. hyg. d'eau-de-vie.							en France, en Algérie ou en Tunisie.	dans les colonies ou protectorats.		Masse d'habillement.	
	1re dizaine d																	
	2e —																	
	3e —																	
	1re dizaine d																	
	2e —																	
	3e —																	
	1re dizaine d																	
	2e —																	
	3e —																	
	TOTAUX...																	
	TOTAUX...																	
	TOTAUX...																	
	TOTAUX...																	
A REPORTER.....																		

TABLEAU N° 3. *Feuille de journées numérique. Fractions de l'unité détachées* (Suite).

DÉSIGNATION DES DÉTACHEMENTS.	DATES.	JOURNÉES donnant DROIT A L'ALLOCATION						JOURNÉES DONNANT DROIT à des allocations de nature autres que le pain.						NOMBRE de journées de présence des hommes des troupes coloniales appartenant à des unités stationnées		Nombre de journées de présence des hommes de la marine.	Pour mémoire.	
		de et au pain.	de et au pain.	de avec la demi-ration de pain.	de la ration de pain exclusivement.		de l'indemn. hyg. d'eau-de-vie.							en France, en Algérie, ou en Tunisie.	dans les colonies ou protectorats.		Masse d'habillement.	
	TOTAUX...																	
	TOTAUX...																	
TOTAUX des détac.																		

TABLEAU N° 4. *Récapitulation.* (Tableaux n°s 2 et 3.)

MOIS, ETC.	JOURNÉES donnant DROIT A L'ALLOCATION						JOURNÉES DONNANT DROIT à des allocations en nature autres que le pain.						NOMBRE de journées de présence des hommes de l'armée coloniale appartenant à des unités stationnées		Nombre de journées de présence des hommes de la marine.	Pour mémoire.	
	de et au pain.	de et au pain.	de avec la demi-ration de pain.	de la ration de pain exclusivement.		de l'indemnité hygiénique d'eau-de-vie.							en France, en Algérie ou en Tunisie.	dans les colonies ou protectorats.		Masse d'habillement.	
Fractions détachées.																	
Tot. (droit de l'unité).																	
Nomb. de rat. de pain																	

TABLEAU N° 5. *Décompte des fournitures en nature autres que le pain perçues à titre réglementaire.* (Art. 137 de l'instruction du 10 décembre 1900.)

Conversion en rations entières.														
Rations servant de base au décompte de libération à arrêter en toutes lettres............														

TABLEAU N° 6. *Décompte des allocations en deniers.*

NATURE DES ALLOCATIONS.	JOURNÉES d'allocations.						DÉCOMPTE en deniers.						TOTAUX des décomptes en deniers.
1° Masse des ordinaires (tableau n° 4)......													

2° Indemnités, primes, etc.

NATURE DES ALLOCATIONS.		Nombre de journées.	Taux des allocations.
Indemnités pour frais de bureau.	Commandant....................		
	Lieutenant adjoint............		
	Officier comptable............		
	Agent principal................		
	....		
	....		
	....		
	....		

TOTAL GÉNÉRAL des allocations en deniers.......

Certifié par nous (1), , la présente feuille de journées de laquelle il résulte :

1° Que le décompte des allocations en deniers s'élève à la somme de :

2° Que les allocations en nature se montent à :

rations de vivres-pain.
— d
— d
— d
— d

3° Que le nombre de journées de présence des hommes des troupes coloniales appartenant à des unités stationnées en France, en Algérie ou en Tunisie s'élève à

Que le nombre des journées de présence des hommes des troupes coloniales appartenant à des unités stationnées aux colonies ou dans les pays de protectorat s'élève à

Que le nombre de journées de présence des hommes de la marine s'élève à

A , le 19

L (1)

Vu

Le Sous-Intendant militaire,

(1) *Les Membres du Conseil d'administration,*
ou *L'Officier commandant,*
ou *L'Agent principal.*

•CORPS D'ARMÉE.

—

PLACE D

(1) Désignation de l'établissement.

JUSTICE MILITAIRE.

EXERCICE 19 .

e TRIMESTRE.

CHAPITRE , ARTICLE .

(1)

I. — DÉCOMPTE DE LIBÉRATION EN DENIERS

DU e TRIMESTRE 19 .

1° *Crédit de l'établissement.*

NATURE DES ALLOCATIONS.		TAUX des ALLOCATIONS.	JOURNÉES en nombre.	DÉCOMPTES.	TOTAL PAR NATURE d'allocation.
1° Masse d'ordinaire des détenus.	Journées donnant droit à la prime...........				
	Journées donnant droit à la demi-prime.....				
2° Indemnité pour frais de bureau.	à				
	à				
	à				
3°					
TOTAL du crédit........					

2° *Débit de l'établissement.*

MANDATS ÉMIS. NUMÉROS.	DATES.	NOMS DES ORDONNATEURS secondaires qui ont emis les mandats.	DÉPARTEMENTS.	MONTANT par MANDAT.
			Total du débit.....	
			Report du crédit........	
			Trop-perçu de........	
			Moins-perçu de......	

qui a été { versé au Trésor le suivant récépissé n°
ordonnancé le en un mandat n°

II. — DÉCOMPTE DE LIBÉRATION DES FOURNITURES EN NATURE.

DÉTAIL DU CRÉDIT et du débit.										
CRÉDIT. — Les allocations en nature s'élèvent à (tableaux n°s 4 et 5).										
DÉBIT. — Lieux de perception.										
TOTAL du débit..										
REPORT du crédit...										
Il a été perçu (en moins. / en trop...										
Prix de remboursement des rations perçues en trop...										
Décompte en deniers des trop-perçus...........										

OBSERVATIONS.

NOTA. — Le décompte des compensations à faire entre denrées de même nature destinées à être substituées les unes aux autres devra être porté dans cette colonne.

Il en sera de même de l'explication à donner des trop et des moins-perçus relativement considérables.

Les bons de totalisation parvenus trop tardivement pour être portés au débit du décompte qu'ils concernent doivent être régularisés dans un décompte de libération supplémentaire correspondant au trimestre de la distribution.

A cet effet, les moins-perçus de ce trimestre sont reportés et comparés, sur le tableau ci-contre, avec les perceptions constatées par les bons de totalisation.

On indiquera, autant que possible, si le décompte présente un caractère définitif ou provisoire.

REVUE DU 4e TRIMESTRE.

Décompte du rappel de la valeur de la moitié des moins-perçus en vivres-pain en fin d'année.

Nombre de rations de vivres-pain perçues en moins..

dont la moitié est de.....
à raison de fr. c. la ration à rappeler au profit des ordinaires et à porter au crédit de la 1re partie du présent décompte de libération (3e augmentations diverses.)

En ce qui concerne le pain, les imputations pour trop-perçu ne sont faites, s'il y a lieu, que d'après les résultats de la revue du 4e trimestre de chaque exercice.

La valeur des rations perçues *en trop* a été versée au Trésor le 19 (récépissé n°).

CERTIFIÉ le présent décompte de libération

À , le 19 .

Le Sous-Intendant militaire,

L (1)

(1) *Les Membres du Conseil d'administration,*
ou *L'Officier commandant,*
ou *L'Agent principal,*

e CORPS D'ARMÉE.

PLACE D

(1) Désignation de l'établissement.

(2) Des troupes coloniales appartenant à des unités stationnées en France, en Algérie ou en Tunisie, ou de l'armée coloniale appartenant à des unités stationnées dans les colonies ou pays de protectorat, ou des hommes de la marine.

JUSTICE MILITAIRE.

(1)

EXERCICE 19 .

1re SECTION. — DÉPENSES ORDINAIRES.

CHAPITRE , ART.

MODÈLE N° 52.

Art. 243 et 244 de l'Instruction du 10 décembre 1900.

FORMAT :

Hauteur.......... 0,32
Largeur.......... 0,21

EXTRAIT de la feuille de journée numérique de (1) *afférente au trimestre de 19 , concernant les hommes de* (2)

NOMBRE de JOURNÉES de présence.	NOMBRE de DEMI-JOURNÉES de présence.	TAUX DE REMBOURSEMENT		DÉCOMPTE EN DENIERS		TOTAL.
		de la JOURNÉE de présence.	de la demi-JOURNÉE de présence.	DU MONTANT des journées de présence.	DU MONTANT des demi-journées de présence.	

CERTIFIÉ le présent extrait s'élevant à la somme de , établi en conformité des inscriptions récapitulatives figurant sur la feuille de journées du e trimestre.

Les Membres du Conseil d'administration,
ou
le Commandant de la prison ou *l'Agent principal,*

VU et VÉRIFIÉ le présent extrait sur la feuille de journée sus-visée.

Le Sous-Intendant militaire,

NOTA. — Il est compté une demi-journée de présence lorsque le militaire a été incarcéré ou est sorti après le repas du matin.

° CORPS D'ARMÉE.

—

PLACE D

(1) Désignation de l'établissement.
Totaliser sous une accolade, dans la colonne 10, les allocations afférentes à chaque détachement.

SERVICE

DE LA

JUSTICE MILITAIRE.

(1)

EXERCICE 19.

CHAPITRE , ARTICLE , § .

MODÈLE N° 52 *bis*.

Articles 161 et 166 de l'Instruction du 10 décembre 1900.

FORMAT :
Hauteur......... 0m,32
Largeur......... 0m,21

(2) Il n'est alloué de ration collective d'éclairage que si l'entrepreneur manque à l'obligation d'éclairer le camp; le montant en deniers de la ration, dans chaque cas, est fixé par le sous-intendant militaire sur la proposition du conseil d'administration.

Feuille de journées numérique du chauffage et de l'eclairage des detachements (détenus).

DÉSIGNATION des DÉTACHEMENTS.	CHAUFFAGE.						ÉCLAIRAGE.		
	DURÉE des périodes de chauffage et d'éclairage.	NOMBRE de rations individuelles par dizaine.	TAUX DE LA RATION du chauffage.	QUANTITÉS ALLOUÉES par détachement.	PRIX D'UNITÉ du combustible.	DÉCOMPTE EN DENIERS.	NOMBRE DE RATIONS COLLECTIVES.	VALEURS EN DENIERS de la ration collective.	DÉCOMPTE EN DENIERS des allocations d'éclairage.
1	2	3	4	5	6	7	8	9	10
	Dizaine de								
	Dizaine de								
	Dizaine de								
	Dizaine de								
	Dizaine de								
	Dizaine de								
	Dizaine de								
					TOTAL...........			TOTAL.	

CERTIFIÉ véritable le présent état s'élevant à la somme de

A , le 19 .

Les Membres du conseil d'administration,

ARRÊTÉ le présent état à la somme de laquelle a été ordonnancée ce jour en un mandat n°

A , le 19 .

Le Sous-Intendant militaire,

MODÈLE N° 53.

JUSTICE MILITAIRE.

Hauteur........ 0m,235
Largeur........ 0m,155

LIVRET INDIVIDUEL

DE DÉTENU.

Nom en lettres bâtardes de 1 centimètre.

Prénoms :

Prison militaire de

Date de l'arrivée à la prison le	Date de l'expiration de sa peine le
N° d'écrou au registre des prévenus.	N° d'écrou au registre des condamnés.
Date de son passage aux condamnés le	(1) Evacué ou libéré le

A , le 19 .

Mutations.

Arrivé à le	Ecroué sous le n° Evacué ou libéré le
Arrivé à le	Ecroué sous le n° Evacué ou libéré le

NOTA. — Aux termes de l'article 7 du décret du 26 février 1900, les détenus qui ont subi au moins la moitié de leur peine et qui, par une conduite constamment irréprochable, ont donné des preuves de retour au bien, peuvent être recommandés à la clémence du chef de l'Etat, soit pour la remise totale, soit pour une réduction de durée de leur peine.

Le livret de détention suit l'homme en cas de changement d'établissement pénitentiaire. Dans ces cas, il est procédé par l'établissement qui perd l'homme à une liquidation provisoire des fonds particuliers faisant ressortir : 1° l'avoir, déduction faite des imputations; 2° les frais de justice non remboursés.

(1) Rayer, selon le cas, le mot « évacué » ou le mot « libéré ».

Extrait de l'instruction du 10 décembre 1900 sur les établissements pénitentiaires.

Art. 41. Les objets et l'argent saisis sur les hommes punis disciplinairement leur sont rendus lors de leur sortie.

Il en est de même des objets saisis sur les prévenus lorsqu'ils sont acquittés et de l'argent dont ils n'auraient pas demandé le versement à leurs fonds particuliers ou de l'argent qui subsisterait à ces fonds.

En cas de condamnation, si l'homme est maintenu à l'établissement, les objets saisis sont conservés par la prison pour lui être rendus à sa sortie ou recevoir telle destination qu'il indiquera; l'argent saisi est versé d'office à son fonds particulier, mais réservé de même que le reliquat de cet argent déjà versé aux fonds particuliers, mais non dépensé. Avis de l'existence de cette somme et de son origine est donné au percepteur de la localité pour la délivrance d'une contrainte. Si le détenu est transféré dans un autre établissement, les objets sont vendus pour le prix en être versé à son fonds particulier, ou sont adressés à ses frais à la personne qu'il désignera.

Toutefois, en cas de condamnation à une peine d'une durée inférieure à trois ans, les objets saisis pourront, sur la demande de l'intéressé, être adressés à ses frais à l'établissement destinataire pour lui être remis à sa sortie. L'argent est, dans tous les cas, adressé à cet établissement pour être versé au fonds particulier.

Art. 73. Les condamnés, à l'exception des officiers, des sous-officiers et employés militaire restés en possession de leur grade ou de leur emploi, sont astreints au travail.

Ce travail s'exécute, suivant le cas, dans des ateliers installés dans l'intérieur des établissements ou sur des chantiers extérieurs.

Les prévenus, les accusés et les hommes détenus disciplinairement ne sont pas soumis à l'obligation du travail, mais ils prennent part aux corvées de l'établissement.

Art. 74. Le silence est obligatoire dans les ateliers.

Il ne peut être fait exception à cette règle que pour les explications qu'ont à donner les maîtres, contremaîtres et sous-chefs d'ateliers.

Ces explications doivent être demandées et données à voix basse en présence du surveillant d'atelier.

Art. 80. Les detenus doivent constamment se montrer respectueux envers leurs chefs de tous grades. Toutes les fois qu'ils se trouvent en leur présence dans une chambre, ils doivent se découvrir. Ce salut ne se renouvelle pas dans le cours ordinaire du service, sauf lorsque le commandant parcourt l'établissement. Dans la cour, aux promenoirs découverts, sur les chantiers, les détenus doivent saluer de la manière spécifiée au règlement sur le service intérieur.

Ils ne doivent adresser la parole à leurs supérieurs qu'avec réserve et déférence, et seulement pour les objets relatifs à leur travail ou à leurs besoins.

Art. 81. Les détenus doivent travailler avec assiduité et le mieux possible. Ils doivent obéir immédiatement à tous les ordres donnés et se conformer à toutes les consignes de l'établissement.

Ils ne peuvent parler entre eux qu'aux heures de repos.

Toute démonstration, toute clameur tendant à rompre le silence et le calme qui doivent constamment régner, soit dans les cellules, soit dans les chambres de détention, soit dans les ateliers, sont interdites.

Art. 87. Les détenus en punition de cellule ne peuvent obtenir l'autorisation d'améliorer la nourriture réglementaire.

Toute visite de l'extérieur est interdite pour eux.

Art. 90. Toute réclamation collective, quel qu'en soit l'objet, est interdite.

Art. 91. Les réclamations individuelles sont présentées hiérarchiquement. Elles doivent toujours être transmises et être soumises au commandant qui statue.

Art. 92. Les détenus, après avoir réclamé hiérarchiquement, ainsi qu'il est dit ci-dessus, peuvent s'adresser directement à l'inspecteur général, lors de son inspection ou au commandant d'armes lors de ses visites mensuelles.

Art. 93. Il est infligé une punition sévère au détenu qui fait sciemment une réclamation mal fondée.

Art. 96. 4° Si une tentative d'évasion a lieu la nuit, la sentinelle charge son fusil, en criant une seule fois : « Halte-là ou je fais feu ! » Si, malgré cet avertissement, l'évadé ne s'arrête pas, la sentinelle fait feu et appelle la garde;

5° Si un détenu paraît la nuit à une fenêtre, le factionnaire doit, à trois reprises différentes, le sommer de se retirer. Il ne fera feu qu'après la dernière sommation. Il ne doit jamais être fait feu sur les individus placés derrière des barreaux qui peuvent faire obstacle à la tentative d'évasion;

8° En cas de révolte ouverte de la part des détenus, le directeur ou le gardien-chef de l'établissement pourra, sous sa responsabilité personnelle, requérir les militaires préposés à la garde dudit établissement de faire, après les sommations, usage de leurs armes pour réprimer la rébellion.

Art. 141. Les détenus dont la conduite est satisfaisante peuvent améliorer leur nourriture par prélèvement sur leur fonds particulier dans les conditions indiquées à l'article 207 ci-après.

Art. 195. (*Disposition spéciale aux détachements.*)

De jour, toutes les fois qu'un détenu tentera de s'évader, la sentinelle crie successivement :

Halte-là ! A la garde !

Halte-là ou je fais feu !

Halte-là ou je fais feu !

Si, après la troisième injonction, le détenu continue à s'éloigner en courant, la sentinelle fait feu.

Les hommes chargés de la poursuite sont autorisés à tirer sur le fugitif, tant que celui-ci n'est pas arrêté ou ne s'arrête pas, soit de lui-même, soit par suite d'accident ou d'épuisement.

Dans aucun cas, ni les sentinelles, ni les hommes de garde ne doivent tirer sur un fugitif qui s'est arrêté, pour quelque cause que ce soit.

De nuit, la sentinelle crie une seule fois : « A la garde, halte-là ou je fais feu ! » Si, malgré cet avertissement, l'évadé ne s'arrête pas, la sentinelle fait feu.

Les sentinelles ne doivent jamais, soit de jour, soit de nuit, faire feu dans la direction des tentes.

Si, après la troisième injonction, le détenu continue à s'éloigner en courant, la sentinelle fait feu. Toutefois, si, avant que la sentinelle ait fait les trois sommations de s'arrêter, le détenu est sur le point de disparaître en profitant d'un accident de terrain, d'une construction, la sentinelle pourra faire feu après avoir crié une seule fois : Halte-là ou je fais feu.

De nuit, la sentinelle crie une seule fois : A la garde, halte-là ou je fais feu. Si, malgré cet avertissement, l'évadé ne s'arrête pas, la sentinelle fait feu.

Art. 203. Les détenus sont pécuniairement responsables des dégradations au casernement, des détériorations, lacérations ou destructions d'effets d'habillement, de petit équipement, d'objets divers, des bris ou détérioration de machines, outils et marchandises appartenant aux entrepreneurs, commis de propos délibéré et des pertes de ces effets ou objets provenant de leur fait.

Les sommes ainsi mises à leur charge sont immédiatement imputées à leur fonds particulier et ils peuvent être privés de tout prélèvement sur ces fonds pour améliorer leur régime, jusqu'à ce que les sommes dues soient récupérées.

Lorsqu'un détenu qui possède à son avoir un fonds particulier n'est passible d'aucune imputation et qu'il n'a pas de dette envers l'Etat, il peut, sur sa demande, être autorisé à affecter jusqu'à concurrence d'une somme déterminée par le chef de l'établissement, une partie de son fonds particulier soit au paiement de dettes dûment justifiées contractées avant son incarcération, soit à des paiements d'achat d'effets, soit à des envois d'argent à des personnes désignées, soit à des placements à la Caisse d'épargne.

Effets et objets apportés et remportés par les hommes.

DÉSIGNATION des EFFETS.	DÉPOSÉS au MAGASIN.	LAISSÉS en garde à L'HOMME.	EMPORTÉS par les HOMMES à leur sortie.	OBSERVATIONS.

DÉSIGNATION des EFFETS.	DATES DES DISTRIBUTIONS. Les effets neufs sont indiqués par la lettre N; ceux en cours de durée par la lettre B; la lettre est suivie du chiffre qui représente le numéro du mois de l'année. Exemple une vareuse neuve distribuée en avril est inscrite N4.												DATES DES RÉINTÉGRATIONS.												OBSERVATIONS. — On indiquera dans cette colonne les dates des procès-verbaux de perte ou destruction ainsi que les quantités d'effets perdus ou détériorés.
	19	19	19	19	19	19	19	19	19	19	19	19	19	19	19	19	19	19	19	19	19	19	19	19	
	Effets de la 1re portion.																								Le présent tableau s'étend sur les quatre pages suivantes. L'inscription des effets d'habillement, coiffure et autres doit être faite sur deux pages par la prison. En cas de transfert du condamné dans un pénitencier ou atelier, les deux pages suivantes sont utilisées par l'établissement réceptionnaire; les deux pages dernières sont utilisées lorsque le condamné séjourne dans les trois catégories d'établissements : prison, pénitencier, atelier.
Habillement. (Liste des effets.) **Coiffure.** Képi ou calotte.																									
	Effets de la 2e portion.																								
Liste des effets à l'usage des détenus des prisons ou des pénitenciers ou des ateliers de travaux publics																									

Format du livret individuel de détenu (modèle n° 53).

COMPTE

DU

FONDS PARTICULIER AU LIVRET INDIVIDUEL DE DÉTENU

N°s des pièces au registre-journal.	DATES.	DÉTAIL DES OPÉRATIONS.	RECETTES (avoir)	DÉPENSES (débet).	Fonds particulier proprement dit. Recettes	Fonds particulier proprement dit. Dépenses	Pécule. Recettes	Pécule. Dépenses	Frais de justice. Recettes	Frais de justice. Dépenses
			fr. c.	fr. c.	fr. c.	fr. c.	fr. c.	fr. c.	fr. c.	fr. c.
	Opérations du 3e trimestre 1907.	Argent saisi à l'arrivée	20 »	»	20 »	»	»	»	»	»
		Fonds de masse reçu du corps	12 40	»	12 40	»	»	»	»	»
		Salaire de la 1re quinzaine d'août	1 80	»	1 44	»	» 18	»	» 18	»
		Cantine de la 1re quinzaine d'août	»	1 20	»	1 20	»	»	»	»
		Salaire de la 2e quinzaine d'août	1 80	»	1 44	»	» 18	»	» 18	»
		Versement fait par la famille	5 »	»	5 »	»	»	»	»	»
		Cantine de la 2e quinzaine d'août	»	» 80	»	» 80	»	»	»	»
		Don de M. X	2 »	»	2 »	»	»	»	»	»
		Salaire de la 1re quinzaine de septembre	1 80	»	1 44	»	» 18	»	» 18	»
		Cantine de la 1re quinzaine de septembre	»	1 10	»	1 10	»	»	»	»
		Versement fait par la famille	1 »	»	1 »	»	»	»	»	»
		Salaire de la 2e quinzaine de septembre	1 80	»	1 44	»	» 18	»	» 18	»
		Cantine de la 2e quinzaine de septembre	»	1 20	»	1 20	»	»	»	»
		Prélèvement autorisé pour envoi de fonds à M. X., avocat	»	6 »	»	6 »	»	»	»	»
		TOTALISATION ET BALANCE	47 60	10 30	46 16	10 30	» 72	»	» 72	»
			10 30	»	10 30	»	»	»	»	»
		Situation au 1er octobre 1907. *L'Officier d'administration comptable (ou L'Agent principal).* (Signature.)	37 30	»	35 86	»	» 72	»	» 72	»
	Opérations du 4e trimestre 1907.	Salaire de la 1re quinzaine d'octobre	2 40	»	1 92	»	» 24	»	» 24	»
		Cantine de la 1re quinzaine d'octobre	»	» 75	»	» 75	»	»	»	»
		Salaire de la 2e quinzaine d'octobre	2 40	»	1 92	»	» 24	»	» 24	»
		Cantine de la 2e quinzaine d'octobre	»	1 15	»	1 15	»	»	»	»
		Salaire de la 1re quinzaine de novembre	2 40	»	1 92	»	» 24	»	» 24	»
		Cantine de la 1re quinzaine de novembre	»	» 80	»	» 80	»	»	»	»
		Don de M. X	5 »	»	5 »	»	»	»	»	»
		Salaire de la 2e quinzaine de novembre	2 40	»	1 92	»	» 24	»	» 24	»
		Cantine de la 2e quinzaine de novembre	»	» 60	»	» 60	»	»	»	»
		Salaire de la 1re quinzaine de décembre	2 40	»	1 92	»	» 24	»	» 24	»
		Cantine de la 1re quinzaine de décembre	»	» 60	»	» 60	»	»	»	»
		Frais de justice versés (dont 0 fr. 25 pour timb. du récépissé)	»	1 50	»	»	»	»	»	1 50
		Imputations d'effets lacérés	»	60 »	»	60 »	»	»	»	»
		TOTALISATION ET BALANCE	54 30	65 40	50 43	63 90	1 92	»	1 92	1 50
			»	54 30	»	70 06	»	»	1 70	»
		Situation au 1er janvier 1908. *L'Officier d'administration comptable (ou L'Agent principal).* (Signature.)	»	11 10	»	13 44	1 92	»	» 42	»
	Opérations du 1er trimestre 1908 et arrêté du livret au moment de la sortie.	Salaire de la 1re quinzaine de janvier	1 20	»	» 96	»	» 12	»	» 12	»
		Fonds envoyés par la famille	10 »	»	10 »	»	»	»	»	»
		Salaire de la 2e quinzaine de janvier	1 20	»	» 96	»	» 12	»	» 12	»
		Salaire des 1er et 2 février	» 20	»	» 16	»	» 02	»	» 02	»
		Prélèvement sur le pécule pour l'acquittement du débet (pour ordre)	1 36	1 36	1 36	»	»	1 36	»	»
		Frais de justice versés au Trésor	»	» 68	»	»	»	»	»	» 68
		Pécule envoyé à la prison militaire de X	»	» 82	»	»	»	» 82	»	»
		TOTALISATION ET BALANCE	13 96	13 96	13 44	13 44	2 18	2 18	0 68	0 68
			13 96	»	13 44	»	2 18	»	0 68	»
		Situation au moment de la sortie (3 février 1908)	»	»	»	»	»	»	»	»

OBSERVATIONS.

(On rappelle dans cette colonne : 1° les frais de justice ; 2° les imputations.)

1° *Frais de justice.*

Date du jugement : 26 juillet 1907.
Conseil de guerre : 1er, Paris.
Frais de justice à recouvrer .... 48 fr. 25 }
Timbre quittance .... 0 fr. 25 } 48 fr. 50

2° *Imputations.*

Motifs : Destruction d'effets de couchage.
Date de la décision : 17 décembre 1907.
Montant de l'imputation : 60 francs.

Situation des frais de justice à l'arrêté du Livret (3 février 1908).

Montant .... 48 fr. 50
Sommes versées ...... {1 fr. 50 / 0 fr. 68} 2 fr. 18
Reste dû ...... 46 fr. 32

NOTA. — Les opérations détaillées au présent modèle pour trois trimestres, reproduisent exactement les exemples donnés au compte des fonds particuliers (modèle n° 36).

Le format du livret individuel de détenu reste le même.

L'Officier d'administration comptable soussigné (ou l'Agent principal) certifie exact l'arrêté du compte du fonds particulier du détenu CHAPET.

La somme de quatre-vingt deux centimes, montant du pécule, est envoyée à la date de ce jour à la prison militaire de X...

A ..., le 3 février 1908.

(Signature.)

TABLE DES MODÈLES.

Paris et Limoges. — Imprimerie militaire Henri CHARLES-LAVAUZELLE

Paris et Limoges. — Imprimerie militaire Henri CHARLES-LAVAUZELLE.

www.ingramcontent.com/pod-product-compliance
Lightning Source LLC
LaVergne TN
LVHW050415160826
845677LV00002BA/390